초등학생을 위한

AI 미래 지식 74

초등학생을 위한 AI 미래 지식 74

초판 발행 • 2026년 1월 15일

글 • 김영현
그림 • 최정을
발행인 • 이종원
발행처 • (주)길벗스쿨
출판사 등록일 • 2025년 5월 27일
주소 • 서울시 마포구 월드컵로 10길 56(서교동)
대표 전화 • 02)332-0931 | **팩스** • 02)323-0586
홈페이지 • school.gilbut.co.kr | **이메일** • gilbut@gilbut.co.kr

기획 및 책임편집 • 김윤지(yunjikim@gilbut.co.kr) | **제작** • 이준호, 손일순, 이진혁
마케팅 • 양정길, 이지민 | **유통혁신** • 진창섭 | **영업관리** • 정경화 | **독자지원** • 윤정아

디자인 • 책돼지 | **교정교열** • 황진주 | **출력 및 인쇄** • 금강인쇄 | **제본** • 금강제본

ISBN 979-11-7467-103-5 73500
(길벗 도서번호 600006)

정가 17,000원

독자의 1초를 아껴주는 정성 길벗출판사

(주)도서출판 길벗 | IT교육서, IT단행본, 경제경영서, 어학&실용서, 인문교양서, 자녀교육서 www.gilbut.co.kr
길벗스쿨 | 국어학습, 수학학습, 어린이교양, 주니어 어학학습, 학습단행본 www.gilbutschool.co.kr

초등학생을 위한

AI 미래 지식 74

김영현 글
최정을 그림

길벗스쿨

추천의 글

지금은 인공지능 시대,
인간의 뇌와 컴퓨터가 어떻게 다르고 인공지능이 어떻게 작동하는지
이해한다면 아이들은 미래에 훌륭한 인공지능 전문가로 성장할 것입니다.
이 책은 아이들 눈높이에 맞춘 인공지능 소개서입니다.
이 책을 통해 인공지능에 대한
흥미가 한층 더 깊어지기를 바랍니다.

정재승
뇌과학자
《과학콘서트》, 《열두 발자국》 저자

누구나 인공지능이 모든 분야에서 중요한 역할을 한다는 사실을
어렴풋이 알고 있습니다.
이 책은 인공지능에 관한 용어와 개념을 간결하게 설명해 주어,
아이들이 인공지능을 쉽게 이해할 수 있게 도와줍니다.
현재와 미래를 살아갈 학생들에게 필독서로 추천합니다.

박만구
서울교육대학교 수학교육과 교수

저자의 글

최근 몇 년 동안 인공지능은 눈부시게 발전하였습니다. 인공지능은 더 똑똑해졌고, 우리와 더 가깝게, 더 많은 곳에서 함께하게 되었지요. 아마 여러분도 학교 수업 시간에 인공지능을 경험해 본 적이 있을 겁니다. 이제 인공지능은 편리한 기술일 뿐만 아니라, 우리 일상의 곳곳에 자연스럽게 스며들어 또 하나의 생활 방식이 되고 있습니다. 우리는 어려운 과제를 만나면 자연스럽게 인공지능에게 도움을 구하기도 합니다. 인공지능은 머릿속에만 있던 그림을 금세 그려 주고, 멋진 광고 영상도 뚝딱 만들어냅니다.

《초등학생을 위한 AI 미래 지식 74》는 점점 더 넓고 깊어지는 인공지능 세계를 담았습니다. 인공지능이 기술의 범위를 넘어 일상, 생명 공학, 환경, 우주 등 다양한 분야와 어떻게 연결되는지, 또 우리의 진로와는 어떤 관련이 있는지 생생한 사례를 중심으로 설명했습니다.

이 책을 이해하는 데 어려운 개념과 전문적인 지식은 필요하지 않습니다. 책을 읽다 보면 "아, 이런 곳에도 인공지능이 숨어 있구나!" 하고 자연스럽게 깨닫게 될 것입니다. 책을 읽는 동안 인공지능이 어떻게 문제를 해결하는지, 인간의 상상력을 어떻게 확장시켜 주는지, 앞으로 어떤 변화를 만들어갈 것인지 쉽고 재미있게 이해할 수 있을 것입니다.

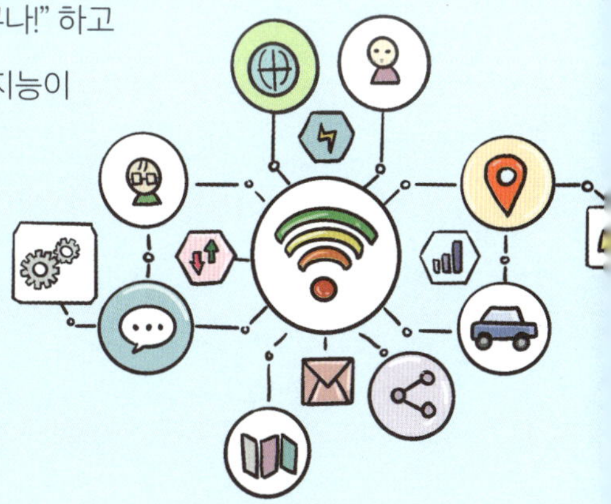

여러분이 스스로 빛나는 미래를 그려나가는 데 필요한
생각의 재료들이 이 책 곳곳에 가득 담겨 있습니다.
미래에는 한 가지만 잘하는 능력보다
여러 영역을 연결하고 새롭게 조합하는 능력이
더욱 중요해질 것이고, 인공지능은 그 중심에서
여러분을 더 넓은 세계로 이끌어 주는
든든한 동반자가 되어 줄 것입니다.

마지막으로, 이 책은 단순히 인공지능 지식을 전하는 책이 아니라, 앞으로 맞이할 새로운 세상을 바라보는 시선을 건네는 책입니다. 이 책을 통해 여러분이 인공지능 시대를 두려움이 아닌 호기심 가득한 시선으로 바라보길 바랍니다. 인공지능이 이끄는 미래는 이미 시작되었고, 이 책은 그 여정을 함께하는 첫걸음이 될 것입니다.

자, 이제 여러분의 상상력이 인공지능과 만나 무한히 펼쳐질 미래로 함께 들어가 볼까요?

김영현

차례

1장 AI와 일상

2장 AI와 진로

3장 AI와 산업

4장 AI와 생명 공학

5장 AI와 로봇

1장

AI와 일상

001 생성형 인공지능은 마법사

인공지능(AI)이 똑똑한 건 다 알지?

생성형 인공지능(Generative AI)은 똑똑한 걸 뛰어넘어서 마법사 같은 친구야.

네가 원하는 걸 말하면, 무엇이든지 새롭게 만들어 주는 똑똑한 인공지능이지!

네가 생각하는 상상 속의 이야기, 그림, 음악, 영상 등을

모두 현실로 만들어 줘.

002 생성형 AI, 너의 정체가 뭐야?

마법사 같은 생성형 인공지능(또는 AI). 그래서 정체가 뭐냐고?
생성형 AI는 데이터를 학습하고, 학습한 내용을 바탕으로
새로운 콘텐츠를 창의적으로 만들어 주는 기술이야.
생성형 AI에는 어떤 종류가 있으며, 무슨 일을 하는지 살펴볼까?

텍스트(TEXT) 생성형 AI

나는 텍스트 생성형 AI야. 사용자가 쓴 글을 학습해서
자연스러운 글을 써.

소설이나 대본도
잘 쓸 수 있고,

전 세계 언어를 배워서
누구보다 자연스럽게
번역할 수 있어.

뉴스 기사나 책 내용 요약도 그 누구보다 빠르게 잘 할 자신이 있어!

이미지(IMAGE) 생성형 AI

나는 이미지 생성형 AI야. 사람들이 원하는 상상 속 이미지를
글로 입력하면 멋진 이미지를 만들어낼 수 있지.

인터넷에서 수많은
이미지 데이터를
수집해서

사용자가 원하는 그림을
그릴 수 있어! 내 그림을
보면 반할 걸?

음악(MUSIC) 생성형 AI

나는 음악 생성형 AI야. 사용자가 요청한 스타일, 장르, 분위기로 음악을 만들거나, 원래 있던 음악을 멋지게 편집할 수 있지. 영화 음악이든 게임 음악이든 나한테 모두 맡겨!

나처럼 모든 음악 장르를 마스터한 전문가가 있을까? 맡겨만 줘! 무엇이든 작곡해 줄게.

영상(MOVIE) 생성형 AI

나는 영상 생성형 AI야. 텍스트, 이미지, 음악을 모두 종합해서 새로운 동영상을 만들 수 있어!

영상 편집도 손쉽게 할 수 있어! 내가 만든 영상으로 영화도 만들었다고!

003 나만의 최애 버추얼 아이돌

좋아하는 연예인이 있니? 나는 요즘 버추얼 아이돌에 관심이 많아. **버추얼 아이돌**(Virtual Idol)은 컴퓨터 그래픽, 모션 캡처, 음성 합성 기술을 사용해서 만든 가상 캐릭터야. 티비에 나오는 아이돌처럼 노래하고, 춤 추고, 팬과 소통까지 할 수 있게 만든 디지털 연예인이지.

아이돌이라면 팬과의 소통을 빼놓을 수 없지? 버추얼 아이돌은 팬과 언제든 실시간으로 사람처럼 소통할 수 있어.

진짜 사람의 움직임을 모션 캡처 기술로
인식해서 버추얼 아이돌의 동작을 만들기도 해.
모션 캡처 기술은 사람의 움직임을 기록하고
디지털 데이터로 바꾸는 기술이야.

버추얼 아이돌의 목소리는
가수나 성우가 직접 녹음하기도 하고,
AI 프로그램을 이용해서
예쁘고 멋진 목소리로 직접 합성하기도 해.

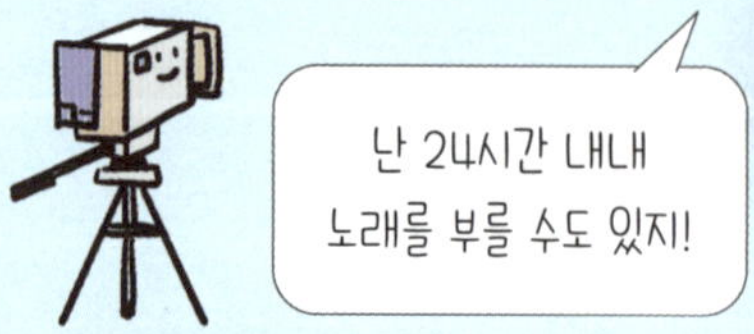

004 내가 좋아하는 걸 어떻게 알았지?

추천 알고리즘은 사람들이 좋아할 만한 것들을 미리 예측해서 추천해 주는 기술이야.

사실 추천 알고리즘은
우리가 모르고 지나가는 순간에도 매일 사용되고 있어!
마치 보이지 않는 비밀 요원이 너를 돕고 있는 것과 같아.

유튜브를 켜면 찰떡같이 내가 좋아할 만한 영상을 추천해 주지.
내가 본 영상이나 '좋아요'를 누른 영상, 혹은 검색 내용을 AI가 학습해서 추천해 줘.

배달 앱에서도 내 취향에 맞게 음식을 추천해 줘. 내가 자주 시켜 먹는 음식이나 시간대에 따라 AI가 음식을 추천해 주지.

온라인 쇼핑을 할 때에도 내 취향을 알고 알아서 척척 추천해 줘. 어떤 물건을 검색하면 비슷한 상품이나 다른 사람들이 같이 산 상품을 AI가 추천하지.

이외에도 영화 스트리밍, 음악 앱, SNS, 검색엔진에도 사용자의 관심사를 분석해서 추천해 주는 AI가 있어. 이렇게 우리 주변에는 내 입맛에 딱 맞게 정보를 추천해 주는 똑똑한 AI 비서들이 있지.

005 추천 알고리즘의 두 얼굴

추천 알고리즘은 우리가 좋아할 만한 것들을 AI가 미리 분석해서 보여주기 때문에, 정보를 찾기 편하다는 장점이 있어.
하지만 추천 알고리즘을 사용할 때 조심해야 할 것도 있지.

주의! 추천 알고리즘을 조심할 것!

취향 도둑

추천 알고리즘은 관심 있는 주제만 보여주니까, 새로운 걸 접할 기회가 줄어들어.
그러다 보면 한 가지 생각이나 의견만 보게 되고 다른 관점으로 생각하거나 새로운 경험을 하기도 어려워.

개인 정보 도둑

추천 알고리즘은 내 검색 기록, 시청 기록, 좋아요 등을 분석해서 내가 뭘 좋아하는지 다 알고 있어. 하지만 이렇게 나에 대해 모든 것을 알고 있다 보니 개인 정보 유출의 위험이 있어.

시간 도둑

내 마음에 쏙 드는 추천 콘텐츠를 계속 보면 나도 모르게 콘텐츠에서 빠져나오기 힘들 수 있어.
시간 가는 줄 모르고 보다 보면 내 시간을 많이 빼앗길 거야.

006 AI와 함께 떠나는 여행

여행을 가기 위해서는 준비해야 할 것이 무척 많아.
여행은 즐겁지만 비행기표, 숙소, 맛집 정보, 길 찾기, 쇼핑 등
모두 챙기려니 복잡하지? 복잡한 여행 준비를 AI 친구가 도와줄 거야.

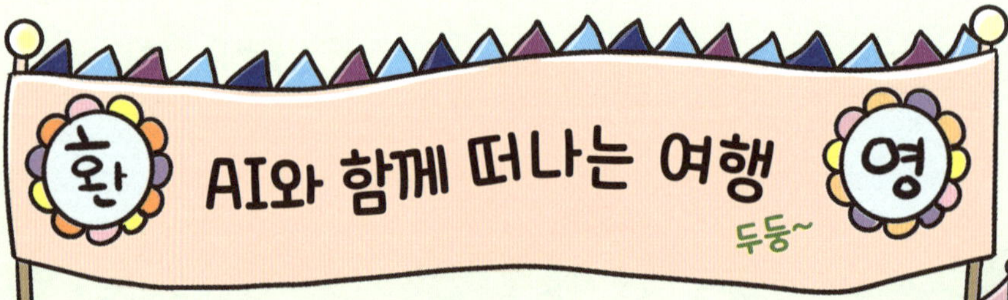

AI는 모르는 여행지가 없어. 어디로 갈지 고민이 될 때
내 여행 취향을 알려주면 딱 맞는 여행지를 추천해 주지.

비행기표? 호텔? 걱정하지 마. AI가 최저가로 알아봐 줄 테니까.
여행 일정을 짜는 것부터 맛집 검색도 AI에게는 누워서 떡 먹기야.

007 똑똑한 도시에 산다는 것

AI 덕분에 도시도 똑똑하게 생각하고 판단할 수 있게 되었어.
미래의 스마트 도시는 어떤 모습일까?

도시 전체가 하나의 컴퓨터처럼 작동해. 전기, 물, 교통, 환경 등 모든 게 AI 덕분에 자동으로 조절되지.

도시 전체가 하나의 거대한 생각하는 뇌가 되는 거지! 인터넷으로 온 도시가 연결되니까.

도시 전체가 친환경 에너지를 사용해 공기가 깨끗할 거야.

자동차, 사람, 자전거가 다니는 길이 따로 나뉘어 있어서 사고 없이 안전한 도시가 될 거야.

해킹만 성공하면
이 도시는
내 손 안에!
똑똑한 만큼
보안과 해킹에
아주 주의를
기울여야겠지?
먼 미래의 이야기 같지만
실제로 일본의 우븐 시티는
이러한 스마트 도시를
계획해서 짓고 있어.
완공되면 어떤 모습일까?
건물과 집의
온도, 습도, 햇빛 등이
자동으로 조절돼.
그런데 인터넷이 고장나면
진짜 도시 전체가
큰일나겠다.
모든 자동차는 자율주행으로 운행돼.

008 마법의 AI 렌즈

AI 렌즈는 카메라와 AI 기술을 활용하여
실시간으로 사물을 분석하고 정보를 제공하는 기술이야.
스마트폰 카메라와 결합되어, 우리가 보는 세상을
더 스마트하게 만들어 주지.

메뉴판이나 간판 번역

현지어로 적혀 있어 알아보기 힘든 메뉴판,
가게 간판을 AI 렌즈로 보면
알아서 번역을 해 줘!

신비한 곤충 사전

모르는 곤충도 AI 렌즈를 통해서 보면
이름과 정보가 자세하게 나와!

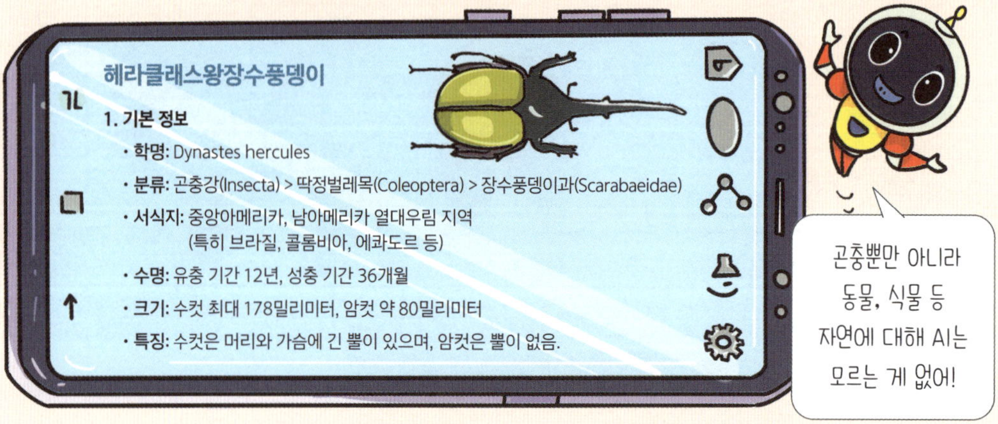

나만의 쇼핑 도우미

예쁜 신발을 발견했는데
어디서 파는지 모르겠다면,
AI 렌즈로 찍어 봐! 브랜드, 가격,
비슷한 상품까지 추천해 줘!

마이크로소프트 사의 씨잉 AI (Seeing AI)

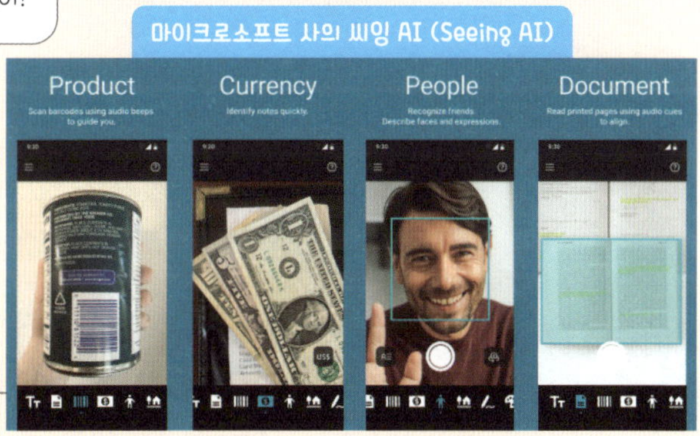

세상을 보는 눈

AI 렌즈는 시각장애인과
저시력자에게도 큰 도움이
되고 있어. 카메라로 촬영한
사물을 AI가 분석해서 음성으로
설명해 주지.

주요 기능으로는 텍스트 읽기, 바코드 스캔, 인물 및 감정 인식, 장면 설명, 화폐 및 색상 인식 등이 있어. 일상생활에서 시각적 정보를 쉽게 얻을 수 있도록 도와주지.

잠깐! AI도 실수할 수 있어!

	육회	Six Times 6회
	동태찌개	Dynamic Stew 움직이는
	곰탕	Bear Thang (동물)곰

한국어 ▾	영어 ▾
밤을 먹었다.	I ate the night.

한국어 ▾	영어 ▾
옛날에 백조 한 마리가 살았습니다.	The 100,000,000,000,000 lived long ago.

009 나만의 AI 건강 트레이너

AI는 개인 맞춤형 운동, 식단, 건강 관리 서비스를 제공하는 디지털 트레이너 역할도 해. 스마트폰, 웨어러블 기기(스마트 워치), 카메라 센서 등을 활용해서 사용자의 운동 자세를 분석하고, 피드백을 해 주고, 건강 데이터를 추적할 수 있지.

사용자의 체형, 건강 상태, 목표에 따라 맞춤으로 운동 프로그램을 만들어 줘.

"먹는 것까지가 운동이다!"라는 말이 있지? AI가 건강 맞춤형 식단을 추천해 줘.

카메라 센서로 운동 자세를 인식하고
실시간으로 피드백을 주지.

010 나에게 딱 맞는 공부법 추천

사람마다 이해하는 속도도, 좋아하는 학습 스타일도, 수준도 달라.
예전에는 모든 학생이 똑같은 책, 똑같은 속도, 똑같은 방법으로 공부했다면
이제는 AI가 각자에게 딱 맞는 방법으로 공부할 수 있게 도와줘.

AI는 네가 푼 문제, 틀린 개수, 소요 시간 등을 분석해서 너에게 딱 맞는 문제와 공부할 양을 추천해 줄 수 있어.

이 뿐만 아니라, AI 튜터는 언제든지 질문을 받아 너의 수준에 맞게 설명을 해 줄 수 있어.
24시간 언제든지 학습이 가능하다는 장점이 있지.

011 내 마음을 돌보는 AI

속상하거나 고민이 많을 때, 누군가에게 이야기하고 싶을 때, 어떻게 해? 친구나 부모님뿐만 아니라 요즘에는 AI에게도 마음을 털어 놓을 수 있다는 사실을 알고 있니?

AI는 우리가 하는 말의 내용, 목소리의 떨림, 표정, 심장 박동이나 땀 같은 생체 신호 등을 종합적으로 분석할 수 있어. 이를 바탕으로 따뜻한 조언을 건네기도 하고, 마음을 토닥토닥 위로해 주기도 하지.

부모님, 친구 같은 진짜 사람이 좋은 상담 상대일 수 있지만, 때로는 비밀을 잘 지켜줄 수 있는 AI에게 부담 없이 마음을 털어놓는 것이 힘이 될 수 있어.

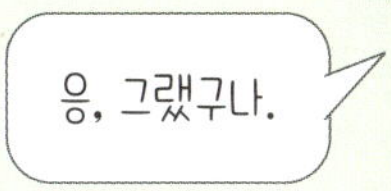

012 게임을 더 재미있게 해 주는 AI

게임을 할 때 다른 캐릭터가
내 움직임을 예측하고
나를 쫓아오거나, 다양한 캐릭터가
자연스럽게 행동하는 것을 본 적이 있니?
이 모든 건 AI 덕분이야.
AI가 게임을 더 재미있고,
흥미진진하게 만들어 주는 것이지.

잠깐! NPC가 뭘까?

NPC는 Non Player Character의 줄임말이야. 즉, 플레이어가 조종하지 않는 게임상 캐릭터지.
게임 내에서 자동으로 움직이고, 플레이어와 상호 작용하는 캐릭터야.

퀘스트 NPC

나는 퀘스트 NPC야.
"몬스터 10마리 잡아 줘!"
같은 미션(퀘스트)을 주지.
나는 게임 스토리 진행을 도와줘.

상점 NPC

나는 아이템을 사고 팔 수 있도록
도와주는 NPC야.
나에게 오면 무기, 회복약,
갑옷을 살 수 있어.

게임이랑 AI가 어떤 관계냐고?
NPC에 AI를 적용하면 더 실감나는 게임을 할 수 있어.
진짜 사람처럼 대화하거나 행동할 수 있고,
AI가 플레이어의 스타일을 학습해서 더 똑똑하고
생동감 있는 플레이를 할 수 있게 해 주지.

배경 NPC

나는 행인처럼 게임 속을 돌아다녀. 특별한 역할은 없지만 플레이어와 소통하면서 게임에 더 몰입할 수 있게 도와줘.

적 NPC

나는 플레이어를 공격하거나 방해하는 캐릭터야.
게임의 재미를 위해 내가 꼭 필요하지.
레벨이 올라갈수록 나를 정복하는 게 때로는 힘들 수도 있어.
왜냐하면 나는 AI로 점점 똑똑해지기 때문이지! 너의 공격 패턴을 다 분석하는 똑똑한 NPC라고!

013 두 얼굴의 AI

딥페이크(Deepfake)는 **AI 기술을 이용해 사람의 얼굴, 목소리, 영상을 조작하는 기술**로, 딥러닝 방식으로 만들어져. 딥러닝은 머신러닝(기계가 데이터를 학습해서 스스로 판단하는 기술)의 한 종류인데, 더 깊고 정교한 학습을 할 수 있어.

딥페이크
(Deepfake)

=

딥러닝
(Deep Learning)

+

가짜
(Fake)

좋은 활용법

위험한 장면을 배우가 직접 촬영하지 않아도 AI가 얼굴을 합성해 영화 장면을 만들 수 있어!

과거의 인물을 사진이나 영상으로 재현해 낼 수 있어!

더빙과 화면을 자연스럽게 합성할 수 있어!

나쁜 활용법

문제는 이 기술이
범죄에 악용될 수 있다는 거야.

유명인의 가짜 발언 영상을
만들어서 사람들을 속일 수 있어.

얼굴을 조작해서 보이스 피싱 범죄에
악용할 수도 있지.

딥페이크 기술은 신분을 속이거나
허락 없이 다른 사람의 얼굴을 이용해서
나쁜 목적으로 사용될 수 있기 때문에
조심해야 해.

2장

AI와 진로

014 개발자는 뭐하는 사람이야?

개발자는 컴퓨터 프로그램, 앱, 웹 사이트, 게임 등을 만드는 사람이야.
주로 컴퓨터가 이해할 수 있는 명령을 만드는 코딩을 하지.
어떤 일을 하는지 자세히 살펴볼까?

015 개발자가 AI를 활용하는 방법

예전에는 개발자들이 모든 코드를 직접 짜고,
오류를 하나하나 찾아야 했지만, 지금은 AI 덕분에 작업이 훨씬 편해졌어.
개발자들이 AI를 어떻게 활용하는지 살펴볼까?

어때? AI는 개발자의 훌륭한 보조 도구가 되고 있어.
이제는 개발자가 코드 자체를 잘 짜는 것보다
AI를 얼마나 잘 이용해서 효율적으로
코드를 만드는지가 더 중요한 시대가 되었어.

016 AI와 작가의 미묘한 관계

무엇이든 척척 써내는 생성형 AI가 등장하면서
글을 쓰는 직업을 가진 작가들의 삶엔 어떤 변화가 생겼을까?
AI로 글을 자동으로 생성할 수 있게 되면서 AI가 작가의 훌륭한 도우미가 되었지.

AI는 작가에게 큰 도움이 되고 있어!

1. 아이디어를 제공해

글을 쓰다가 아이디어가 떠오르지 않을 때, 생성형 AI에게 물어보면 창의적인 아이디어를 마구 추천해 줘! 그 덕분에 더 재미있는 글을 쓸 수 있게 되었지.

2. 초안을 작성해

작가가 원하는 스타일에 맞춰서 기본 글을 써 줘. 그럼 작가는 AI가 써준 글에 살을 붙이기만 하면 돼.
얼마나 큰 도움이 되는지 아니?

3. 수정, 편집, 번역을 해 줘

맞춤법 확인이나 문장 교정도 AI가 다 알아서 해 줘. 어색한 문장은 알아서 매끄럽게 바꿔준다니까? 번역도 척척 해 줘서 얼마나 편한지 몰라.

때로는 작가의 경쟁자가 될 수도 있어.
과연 AI는 작가의 역할을 대체할 수 있을까?
아니면 새로운 기회를 제공할까?

AI는 작가의 경쟁자야!

1. 일을 대신해

기사 쓰기, 광고 글 쓰기 등
글쓰기가 주업인 사람들의 일을
AI가 쉽게 대체할 수 있어.
AI가 사람보다 더 빠르고, 정확하고, 쉽게 쓰는 걸?

2. 창작물을 빠르게 만들어

AI는 마음만 먹으면 1분 안에 수십 편의 소설을
써 내려갈 수 있어. 그러다 보니 사람의 창작물이
묻히거나 무시될 수 있어.

3. 비용이 저렴해

AI 프로그램은 구독료만 내면
24시간 사용할 수 있으니 기업들은
사람보다 비용이 훨씬 저렴한
AI 작가를 좋아할 거야.

017 옷 스타일을 추천하는 AI

나에게 어울리는 옷을 찾기 위해서는 여러 옷을 직접 입어 봐야 하지?

그렇지만 옷을 입고 벗는 일은 여간 귀찮은 일이 아니야.

과연 AI가 도와줄 수 있을까?

온라인 쇼핑을 할 때, "이 옷이 나한테 잘 어울릴까?" 고민이 될 때,
AI는 우리가 좋아하는 스타일을 기억하고,
가장 잘 어울릴 만한 옷을 추천해 줄 수 있어.
어떤 사람은 화려한 옷을 좋아하고, 어떤 사람은 편안한 스타일을 선호하는데,
AI는 이런 취향을 분석해서 패션 코디를 제안해.

옷을 사기 전에 미리 입어볼 수 있다면 얼마나 좋을까?
요즘은 AI가 증강현실 기술을 이용해서 내가 선택한 옷을 입고 있는 모습을 스마트폰이나 컴퓨터 화면에서 볼 수 있도록 만들어 줘.
그래서 실제로 입어 보지 않아도 이 옷이 나와 어울릴지 쉽게 알 수 있지.
마치 게임 캐릭터에게 옷을 입히는 것처럼, AI를 활용해 가상으로 옷을 입어볼 수 있는 거야.

옷이 마음에 안 들거나 잘못 선택했다고 그냥 옷을 버리면 환경 오염에 큰 영향을 줘.
AI는 쓸데없이 버려지는 옷(폐의류)이 줄도록 도와주지. AI의 도움을 받아 나에게 잘 맞고 어울리는 옷을 선택할 수 있다면 환경에도 도움이 될 거야!

018 나도 패션 디자이너

매일 입는 옷도 AI가 디자인할 수 있을까?

AI는 옷을 디자인해

옷을 만들 때는 디자이너가 직접 스케치를 하고, 색을 골라서 옷을 만들어. 요즘에는 AI가 다양한 옷 디자인 데이터를 바탕으로 창의적인 디자인을 만들어 내기도 해. 디자이너들은 AI가 낸 디자인 아이디어를 활용해서 멋진 옷을 만들어 낼 수 있지!

AI는 디자인 실험을 해

AI는 빠르게 디자인을 하고 실험할 수 있어. 짧은 시간 내에 색상, 패턴, 모양 등을 여러 방식으로 조합할 수 있어서 많은 디자인을 실험해 볼 수 있지.

019 신나는 작곡의 세계

AI는 그 누구보다 많은 노래를 빠른 시간 안에 배울 수 있어.
그리고 음악의 규칙을 파악해서 새로운 곡을 만들 수도 있지!

나는 노래를 듣고, 비슷한 스타일로 작곡할 수 있어.
예를 들어, "베토벤처럼 클래식 음악을 만들어"라고
명령을 내리면 베토벤 음악을 학습하고
비슷한 곡을 작곡할 수 있지.

또, 멜로디를 작곡하면
그에 어울리는 화음으로
반주를 할 수도 있어.
즉석에서 여러 악기를
추가할 수도 있지.
더 풍부한 음악을 AI와 함께
만들어 나갈 수 있는 거야.

020 우리 스포츠 팀의 감독님은 AI

AI는 스포츠 분야에서도 많이 활용되고 있어. 운동 선수의 기술, 경기력과 관련한 데이터를 AI로 분석하고 예측하여 더 좋은 결과가 나올 수 있도록 해. 또, 실시간으로 경기를 분석해서 팀의 전략을 조정하거나 중계에 필요한 정보를 얻을 수도 있지. 그리고 경기 중에 공정한 판정을 위해 AI를 활용하기도 해.

특히, 야구는 데이터가 중요한 스포츠 중 하나야. 투수가 던지는 공의 속도, 구질, 회전율, 타자의 스윙 속도, 각도, 타율, 출루율 등 수많은 데이터가 필요하거든. AI는 이런 데이터들을 모아, 어떻게 하면 더 많은 타자가 출루할 수 있을지, 투수가 공을 잘 던질 수 있을지 분석해.

야구 로봇 심판

야구 로봇 심판(ABS)은 자동으로 볼, 스트라이크를 판독하는 AI 심판이야. 야구공을 추적하는 레이더 장비와 고화질 광학 장비로 투구 속도, 구질, 볼, 스트라이크 여부 등을 분석하지. 인간 심판보다 로봇 심판의 판정이 정확해서 공정하고, 오심도 적어. 하지만 한편으로 로봇 심판의 오류, 기계적 결함 같은 문제가 발생할 수 있어.

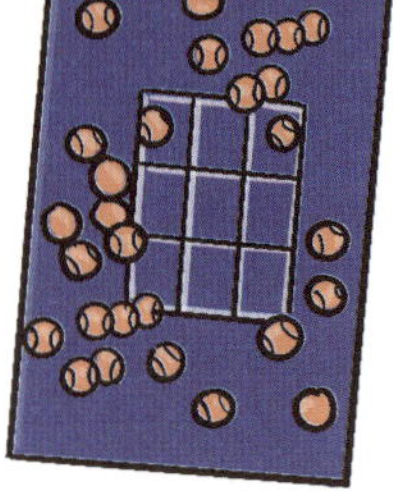

AI는 선수들의 훈련에
도움을 줄 수 있어.
예를 들어 테니스나 골프의
경우 선수들의 스윙을
분석하여 문제점을 찾고,
개선할 수 있도록 돕지.
이렇게 AI는
선수 개개인에게 맞는
훈련 계획을 세우는 데
도움을 주고 있어.

축구에서도 AI가 활용되고 있어.
선수들의 위치 데이터와
팀의 전력, 경기 등을 분석해서
어떤 전술을 사용할지 정하는 데
AI가 도움을 주지.
그리고 경기 도중
축구 선수들의 상태를
모니터링해서 부상의 가능성을
예측하고 선수의 건강과 안전을
지키는 데 도움을 줘.

021 내 꿈은 영상 크리에이터

요즘 장래 희망이 크리에이터인 친구들이 정말 많아졌어.
크리에이터가 되면 재미있는 영상도 만들고, 나만의 채널도 운영하면서
많은 사람과 소통도 할 수 있으니까!
최근에는 AI의 도움을 받아 성공하는 크리에이터가 늘고 있어!
AI가 어떤 식으로 도와주는지 한번 알아볼까?

AI는 편집의 신이야

1 자막을 만들어 줘

말한 내용을 AI가 자동으로 글씨로 바꿔 줘.
손으로 적지 않아도 돼.

2 영상에서 재미없는 부분은 잘라 줘

지루한 부분은 AI가 자동으로
컷 편집도 해 줘. 시간도 아끼고
영상 퀄리티도 좋아지니 일석이조이지.

3 목소리도 만들어 줘

녹음하지 못 한 부분도 AI가
내가 말한 것처럼 만들어 줘.

AI는 분석의 신이야

크리에이터로 성공하려면
사람들이 뭘 좋아하는지를 잘 분석해서
영상을 만들어야 해. AI는 인기가 많은
동영상들을 분석해서 조회수가 잘 나올
콘텐츠를 추천해 줘.

AI는 변장의 신이야

진짜 얼굴이 아니라 컴퓨터로 만든 얼굴로
크리에이터가 될 수도 있어!
가상의 인물이라서
'버추얼 크리에이터'라고 해.
AI가 얼굴도, 목소리도
만들 수 있어서 가능해.

**크리에이터가 되고 싶다면
이런 사람이 되자!**

- 무조건 잘 찍는 것보다, **사람들이 좋아할 만한 아이디어**를 생각할 수 있는 사람
- 혼자 고생하지 않고, **AI 도구를 똑똑하게 잘 쓰는 사람**
- 재미있게 만들고, 꾸준히 올리는 **성실한 사람**

022 우주를 관찰하는 눈

천문학자들은 우주를 관측하고,
행성, 별, 블랙홀, 은하와 같은 천체의 움직임을 연구해.
요즘에는 천문학자들에게도 AI가 큰 힘이 되고 있대!

실제로 AI가 찾은 초신성
초신성은 수명을 다한 별이 폭발하며 밝게 빛나는 현상이야. AI는 과거에 촬영된 140만 장이 넘는 초신성 사진을 학습해, 우주에서 새로운 초신성을 스스로 찾아낼 수 있게 되었어.

023 AI가 만드는 창의적이고 눈부신 작품

생성형 AI의 눈부신
발전으로 AI를 활용해서
더 창의적인 시각 콘텐츠를
만드는 사람들이 있어.
이런 일을 하는 사람을
AI 아트 디렉터라고 해!

AI에게 프롬프트라는 명령을 내리면,
다양한 작품을 만들어 줘.
창의적인 시각 콘텐츠가 필요한 경우라면
언제든지 AI 아트 디렉터를 활용할 수 있어.

024 땅땅땅, 선고합니다!

변호사, 판사, 검사처럼 법을 다루는 직업군에도 AI의 발달로 인해 많은 변화가 찾아왔어. 유사한 사건들의 판결 내용을 AI가 분석해 제공하고, 범죄 유형, 전과, 피해 정도를 바탕으로 AI가 형량을 추천해 줄 수 있어.

AI가 한쪽으로만 생각하는 편향성이 생길 수도 있어.
실제로 미국의 형량 예측 시스템에서는 흑인에게 불리한 예측을 한 경우가 있어.
AI의 의견은 어디까지나 참고자료이고, 최종 판결은 사람 판사가 내리고 있어.

마찬가지로 AI는 변호사도 돕고 있어.
과거 판례를 분석하기도 하고,
중요한 계약을 앞두고 계약서에
문제는 없는지 분석도 해 줘.
또, 비슷한 소송에서 이긴 전략과
논리를 분석해서
소송 전략을 제안하기도 해.

[사건 요약]

- 사건: 친구 괴롭힘
- 피해: 기분 나빴음
- 전과: 종종 놀렸음
- 합의 여부: 피해자에게 사과함

[예상 형량]

- 반성문 1장 ~ 3장(용서할 가능성 78%)

[유사 사건 판례]

- 2019서울초등1234: 반성문 2장
- 2021대전초등5678: 반성문 1장, 청소 벌칙

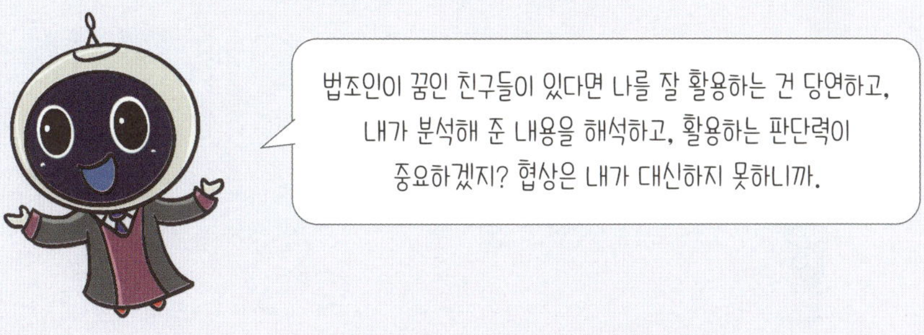

025 뉴스를 전하는 AI 아나운서

아나운서, 기자와 같은 언론인과 AI의 만남으로
많은 것이 달라지고 있어.

실제 사람의 목소리를 학습한 AI가 뉴스, 안내 방송, 날씨 예보를 자연스럽게 전달할 수 있어. 원고만 입력하면 AI가 자동으로 말하고 움직이며 뉴스를 만들지!

AI는 1초 만에 기사를 쓸 수 있어! 스포츠 경기 결과, 주식 뉴스, 사건 사고 등 시시각각 새로 나오는 정보를 AI가 빠르게 수집해서 자동으로 기사를 작성할 수 있어.

026 비행기 자동 조종은 이미 진행 중

비행기 조종 분야는 이미 수십 년 전부터 '오토파일럿'이라는 이름으로 컴퓨터가 스스로 비행기를 조종해 왔어. 그런데 최근에는 단순한 자동 조종 기능을 넘어서, AI가 스스로 판단하고 결정하는 수준까지 발전했어! 사람의 직관과 AI의 신속하고 냉정한 판단이 힘을 합친다면 더 안전한 비행이 가능해지겠지?

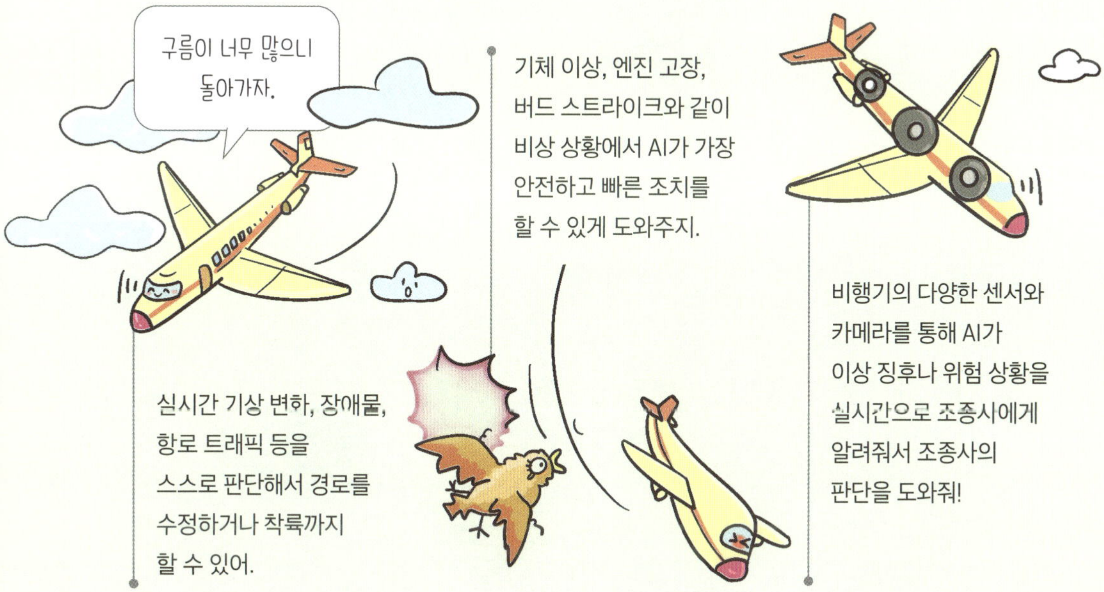

027 완벽한 로봇을 만들기 위해 일하는 사람들

로봇이 세상에 나오기 전에
꼭 거쳐야 할 과정이 있어. 바로 훈련 과정이지.
로봇 하나를 탄생시키기 위해
어떤 노력이 필요한지
알아볼까?

테스트 엔지니어

로봇이 설계 대로 작동하는지
확인하는 사람이야.
반복적으로 테스트하면서
오류를 찾아내.

로봇 소프트웨어 개발자

테스트 결과를
반영해서 알고리즘,
통신, 센서 등을
수정해야 해.
로봇 시스템이
잘 이루어지도록
도와주는 것이지.

기구 설계 엔지니어

로봇의 하드웨어 결함을 파악하고
개선하는 역할을 해.
물리적으로 문제가 있거나
진동, 열 등의 문제를 해결하지!
로봇을 안전하게 운영하려면
반드시 거쳐야 하는 과정이야.

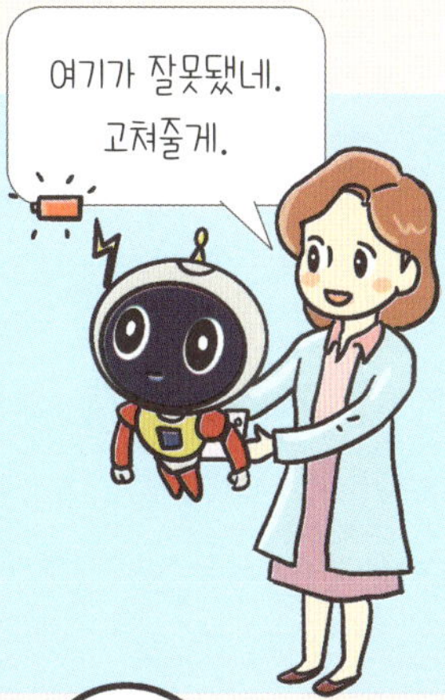

인간-로봇 상호 작용 전문가

로봇이 사용자와
어떻게 상호 작용하는지
테스트하는 역할을 해.
사용자가 로봇을
편하고 쉽게
이용해야 하니까!

시뮬레이션

실제 환경에서 테스트하기 전에 가상의
공간에서 동작을 검증하는 굉장히
핵심적인 과정이야. 검증이 실패하더라도
로봇을 다시 만들지 않아도 되고,
위험하지도 않아!

028 제가 한번 번역해 볼게요

번역가는 책, 영화, 게임 같은 여러 가지 콘텐츠를 다른 나라 말로 자연스럽게 바꾸는 사람이야. AI가 점점 발전하면서 번역을 더 쉽고 빠르게 할 수 있게 되었지. 그렇다면 AI가 더 똑똑해지면 번역가는 사라지게 될까?

번역가는 먼저 번역할 글을 꼼꼼하게 읽고 무슨 말인지 이해해야 해. 전체 문장의 느낌, 상황, 말투까지 고려해야 하지. 그러고 나서 번역할 언어로 바꾸어 줘. 문법, 표현, 분위기까지 자연스럽게 해줘야 해!

우리나라에서는 당연하지만 다른 나라에서는 예의에 어긋나는 표현이 있을 수 있어! 그래서 번역을 할 때 그 나라의 문화를 잘 알아야 해.

AI 덕분에 번역을 훨씬 쉽고 빠르게 할 수 있게 된 것은 사실이야. 하지만 번역가의 역할은 여전히 아주 중요해! 번역가는 문장을 더 자연스럽고, 세련되고, 정확하게 다듬어 주는 사람이거든!

029 머릿속 세상을 현실로 꺼내다

게임 속 도시, VR로 체험하는 롤러코스터, 메타버스 안의 카페 같은 공간들을 직접 설계하고 디자인하는 사람이 바로 **가상 공간 디자이너**야.
가상 공간 디자이너가 되기 위해서는 가상에서 공간을 만들 수 있는 상상력, 상상을 현실로 만들 수 있는 기술력, 그리고 예술 감각이 필요해.

030 AI 시대, 옳고 그름을 생각해야 해

AI와 로봇은 이제는 단순한 도구를 넘어서 사람처럼 스스로 판단하고 결정하는 존재가 되어 가고 있어. 그만큼 로봇이 어떻게 행동해야 하는지, 사람과 함께 지낼 때 무엇이 옳고 그른지 고민해야 하는 순간도 많아지고 있지. 이럴 때 기준을 세워 주고 중심을 잡아주는 사람이 바로 **로봇 윤리학자**야.

로봇 윤리학자의 할 일

1. 로봇, AI 설계할 때 지켜야 할 윤리 원칙 정하기
2. 로봇의 법적 책임과 권리 정하기
3. 로봇과 인간의 관계 정하기

031 진실을 아는 자

AI는 항상 완벽할까?

그렇진 않아. AI는 자신이 가진 지식이나 정보가 부족할 때

“잘 모르겠습니다”라고 대답하기보다는

틀린 내용을 그럴 듯하게 만들어 답하기도 해.

이걸 **AI 환각**이라고 해.

조선왕조실록에 기록된 세종대왕이 노트북 던진 사건에 대해 알려 줘.

조선왕조실록에 기록된 세종대왕이 노트북을 던진 사건은
1434년(세종 16년)에 발생한 사건입니다.
이 사건은 조선왕조의 세종대왕이…

그래서 AI가 전달한 정보가 사실인지 아닌지 확인하는 과정이 매우 중요해!

미래에는 AI가 생성한 정보가 사실인지, 오류는 없는지 검증하는

직업도 중요해질 거야.

‘모르는 것’을 ‘모른다’고 하는 용기,

AI가 인간에게 배워야 할 점 중에 하나지!

3장

AI와 산업

032 디지털 쌍둥이를 만들어서 실험한다고?

혹시 장난감으로 요리조리 실험해 보고 싶은데, 망가질까 봐 걱정된 적이 있니? 만약 똑같은 장난감을 디지털 세상에서 쌍둥이처럼 만들어서 자유롭게 실험해 볼 수 있다면 어떨 것 같아? 실제로 이러한 기술을 '디지털 트윈 기술'이라고 해.

디지털 트윈 기술

트윈(twin)은 쌍둥이를 의미해. 현실 세계의 사물, 시스템을 가상 공간에서 실행할 수 있도록 만드는 기술이야. 가상 환경에서 똑같이 재현할 수 있어!

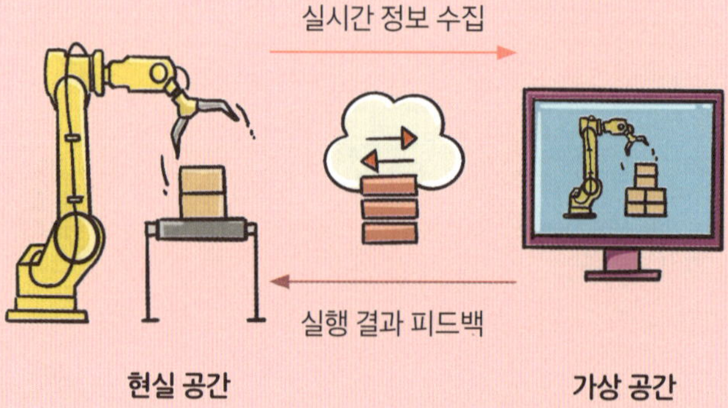

디지털 트윈 기술은 공장, 자동차, 항공, 도시 건설, 의료 분야 등에서 다양하게 쓰이고 있어. 가상 환경에서 미리 시뮬레이션해 볼 수 있다니, 그 가능성이 무궁무진하지 않을까?

디지털 트윈 기술은 실제 공장을 가상의 공간에 그대로 복제해서, 공장을 운영하는 데 문제는 없는지, 어떻게 하면 효율적으로 운영할 수 있는지 분석할 수 있어.

단순히 시뮬레이션만 할 수 있는 게 아니라 진짜 공장 데이터를 반영해서 실시간으로 문제점을 파악할 수 있어.

033 마법의 돌, 반도체

컴퓨터, 스마트폰 그리고 AI까지!

전자 기계를 움직이게 하는 마법의 돌이 뭔지 아니?

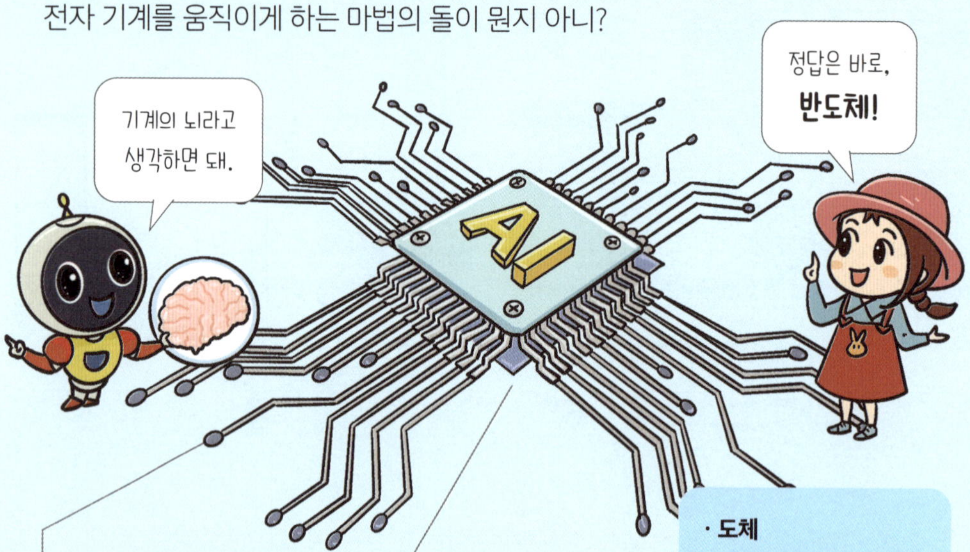

반도체는 진짜 돌은 아니고, 아주 작고 똑똑한 부품이야. 전기를 잘 흐르게도 하고, 안 흐르게도 할 수 있어서 기계한테 "이제 일 시작해!" 하고 명령을 내리거나 멈추게 할 수도 있어.

반도체가 없다면? 텔레비전, 스마트폰, 청소기, 컴퓨터, 게임기 등 모든 게 사라질 거야.

- **도체**
  전기가 아주 잘 흐르는 물질
  (구리, 철 같은 금속)
- **부도체**
  전기가 거의 흐르지 않는 물질
  (고무, 유리 같은 물질)

034 반도체는 어떻게 만들까?

그럼 이 마법의 돌, 반도체를 어떻게 만드는지 살펴볼까?

1 반도체 판 만들기

반도체는 실리콘을 주로 이용해서 만들어. 실리콘을 녹여서 동근 기둥을 만든 다음에, 아주아주 얇게 잘라서 판을 만들지. 이렇게 만들어지는 판을 **웨이퍼**라고 해

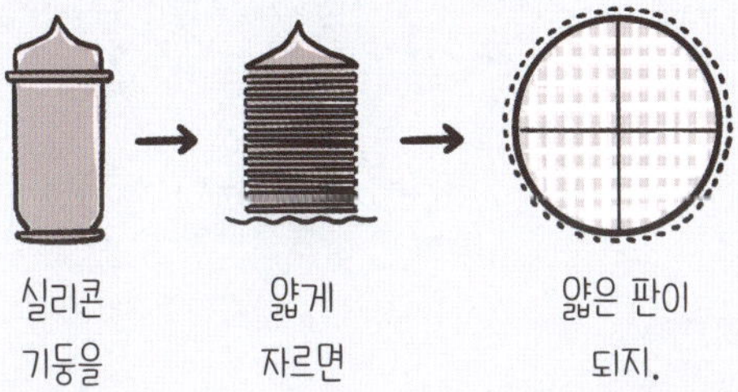

머리카락 두께
약 80마이크로미터

반도체 웨이퍼 두께
약 20~775마이크로미터

* 1μm(마이크로미터) = 0.001밀리미터

2 회로 설계하기(반도체 뇌 만들기)

만들어진 판에 회로를 새기기 진에 어떻게 새길지 설계도를 만드는 과정이야. 반도체의 목적에 따라 설계도를 다르게 만들어야 해. 어떻게 설계하느냐에 따라서 능력이 달라지거든.

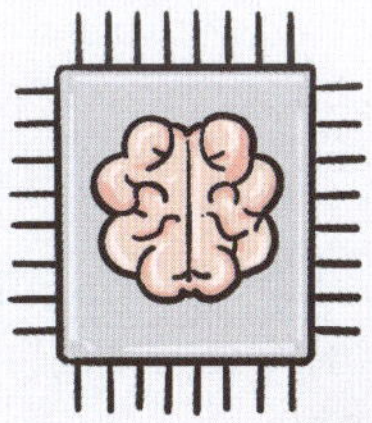

3 회로 새기기

설계한 회로도를 웨이퍼 판에 새기는 거야.
아, 물론 손으로 새기지 않아!
빛에 반응하는 액체를 바르고
빛을 쏘면서 회로를 새기는 거지.
아름다운 판화 작품을 만드는 거랄까?

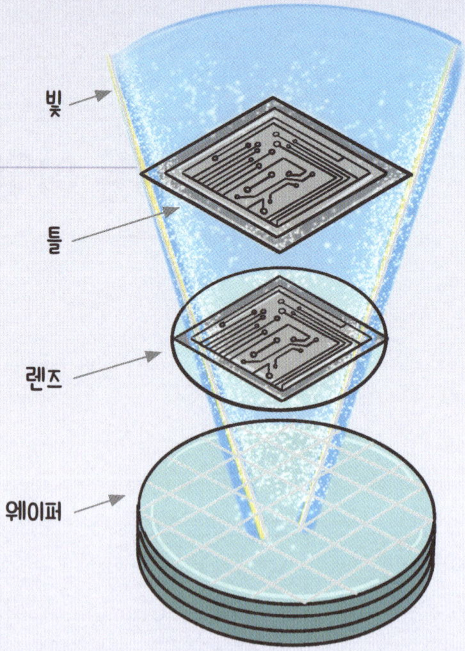

4 전기 스위치 연결하기

필요 없는 부분을 깎고,
특수한 물질을 발라서 전기가 흐르도록 해.
그리고 새긴 회로에 구리나 알루미늄으로
전기선을 만들어.

5 반도체 탄생

이제 웨이퍼를 조각조각 칩 단위로
자른 다음 불량품을 골라내고,
포장하면 끝!

035 다양한 곳에 쓰이는 반도체

반도체는 단순한 전자 부품이 아니라,
현대 사회를 움직이는 핵심 기술이야.
스마트폰부터 컴퓨터, 자동차,
가전제품, AI까지
모든 첨단 기기의 두뇌 역할을 하지.

반도체 없이는
데이터 처리, 저장,
전자 기기 동작이
어려워.
미래 기술 발전에
핵심적인
금 덩어리인 셈이지.

036 CPU? GPU?

반도체로 만든 대표적인 작품은
바로 컴퓨터의 핵심 부품인 CPU와 GPU야!
CPU와 GPU에 대해 알아볼까?

CPU(중앙처리장치)는 컴퓨터의 두뇌야. 모든 계산과 논리를 담당하지.
컴퓨터의 모든 작업을 조율하는 사령관 같은 역할을 해.

CPU는 수학 계산과 연산을 통해 데이터를 처리해.
필요한 데이터를 저장 장치에서 가지고 오거나,
여러 작업을 다양하게 할 수도 있지.
하지만 똑똑한 만큼 전력이 많이 필요하고,
같은 일을 많이 처리하는 데 시간이 걸려.

GPU(그래픽처리장치)는 컴퓨터의 화가야. 이미지, 동영상, 3D 그래픽 같이 반복적이고 많은 양의 데이터를 처리하는 일을 해.

GPU는 주로 게임이나 동영상처럼 화려하고 복잡한 그림을 빠르게 만드는 데 쓰여. 예를 들어, 게임에서 캐릭터를 움직이면 화면에 나무, 하늘, 캐릭터가 계속 바뀌는데, 이걸 빠르게 그리려면 엄청나게 빠른 데이터 처리 능력이 필요해. 이때 GPU가 필요한 거야.

GPU는 단순한 일을 아주 빠르게 처리할 수 있어. 그 비법은 동시에 데이터를 처리할 수 있는 조력자들이 아주 많기 때문이지.

037 AI와 GPU의 만남

GPU는 컴퓨터에서 그림이나 영상을 빠르게 만들고 보여 주는 역할을 해. 그리고 AI는 알다시피 컴퓨터가 사람처럼 생각하고 배울 수 있게 만드는 기술이고! 그런데 GPU가 왜 AI랑 관련이 있을까?

AI는 엄청나게 많은 계산을 해야 하는데, 여기서 GPU가 등장해! GPU는 동시에 엄청나게 많은 계산을 할 수 있거든. AI가 학습할 때 GPU가 여러 개의 계산을 동시에 하기 때문에 AI가 더 빨리 배우고 똑똑해질 수 있어. 그래서 AI 연구에서는 GPU가 필수야!

038 응답하라, 오버!

물만큼이나 우리 생활에서
꼭 필요한 인터넷,
사실은 군사용으로 개발된
기술이었다는 것을 알고 있니?

아파넷

미국 국방부 연구소에서 만든
네트워크인 아파넷(ARPAnet)은
처음에는 군사용 프로젝트로
시작되었지만, 점차 일반 사람들에게
공개되면서 현재의 인터넷이 되었어.

아파넷이 등장하던 시기는
전쟁이 막 끝나고 전 세계 긴장이
고조되던 때였어. 전쟁이 나도
컴퓨터를 못 써서 중요한 정보들이
사라지면 안 되니까, 여러 서버에
나누어 통신하도록 했어.

아파넷을 민간에 공개했는데,
그게 바로 인터넷의 시작이야!

039 인터넷과 AI는 단짝 친구

인터넷은 우리가 컴퓨터나 핸드폰을 통해 정보를 주고 받을 수 있는 길이야. 친구한테 문자 메시지를 보낼 때에도, 유튜브에서 동영상을 볼 때에도 인터넷을 통해야 하지. 인터넷과 AI는 어떤 관련이 있을까?

AI가 똑똑해지기 위해서는 많은 데이터가 필요해. 이 데이터를 인터넷을 통해 모으는 거지! 데이터가 모이면 모일수록 더 똑똑해지는 거야!

이 말은 곧
인터넷이 없으면
AI도 없다는 뜻이지.

040 자율주행은 소통의 신

안전한 자율주행 자동차가 되기 위해서는 소통의 신이 되어야 해!
주변의 도로, 자동차, 보행자, 신호등과 끊임없이 정보를 주고 받아야 하거든.
이런 기술을 '차량-사물 간 통신(V2X)'이라고 해.

자율주행 자동차는 혼자서만 똑똑하면 안되고,
주변과 소통하는 능력을 가져야 해.
그래야 안전하고 효율적으로 운전할 수 있어.

깜빡이도 안 넣고
차선 변경하는 매너 없는
운전자들이 있던데
AI에게 소통하는
방법 좀
배워야겠어!

041 도전! 자율주행 5단계

운전자 없이도 도로를 달리는 자동차가 있다면
그건 완전한 자율주행 기술이 실현된 미래일 거야.
불가능해 보였던 미래도 얼마 남지 않았다는 사실 알고 있니?
떡볶이 맵기 5단계처럼 자율주행 기술도 5단계에 도전하고 있어.

0단계

자동 주행 기능이
전혀 없는 단계이지.
사람이 직접 모든 조작을
해야 해.

1단계

자율주행 기술은 카메라나
센서(라이다)를 통해서 자동차가 차선을
넘지 않도록 잡아주고,
속도를 일정하게 유지시켜서 달릴 수
있는 단계야.

시스템이 운전을
보조해 주는 정도여서,
운전자는 운전대를
꼭 잡고 운전해야 해.

2단계

이제 자율주행 기술이 앞차와 뒷차의
간격에 따라 속도를 조절하고,
커브길에서 차선도 좀 더 잘 지켜.
이때부터 '부분 자율주행'이라고
이야기 할 수 있어.

운전자는 여전히
운전대를 꼭 잡고 있어야
하지만, 시스템이 속도,
차선 등을 잘 유지해서
운전자의 피로도가 낮아져.

3단계

카메라나 센서를 통해서
주변 사물이나 환경의 위험을
인지할 수 있어. 고속도로 같은
일직선의 길은 운전자가 핸들을
가끔 놓을 수 있을 정도지.
슬슬 자율주행의 편리함이 전해지지?

거의 대부분의 주행을
자율주행 시스템으로 할 수 있어.
위험한 상황을 대비해서
운전자는 핸들에 손은 올려놔야 하지만!

4단계

비가 억수로 내리고, 눈이 엄청
내리는 악천후의 상황 빼고는
자율주행의 책임은 시스템에 있어.
혼잡한 길에서도 자율주행만 믿고
운전할 수 있지.

핸들에 손을 올리지 않아도
자율주행 자동차만 믿고 주행이 가능해.
현재 도전 중인 단계이지

5단계

운전석도 없어도 되고, 핸들이나
엑셀 같은 제어 장치들이 필요가
없어. 정말 완벽한 자율주행 단계야.
자율주행 기술의 핵 매운 맛에
운전석이 사라졌어.

지금 판매되는 차들은 3단계의 자율주행 기술이 사용된 자동차들이야. 완전한 자율주행까지는 갈 길이 멀지만, 여러 회사들이 4단계와 5단계를 도전하고 있는 중이야. 머지않아 핸들이 없는 트럭도 보게 될 수도 있어.

042 운전자 vs 자율주행 자동차

앞에서 안전한 운전을 위해 소통 능력이 중요하다고 배웠어.
그럼 운전자와 자율주행 자동차의 소통 방식은 어떻게 다를까?

ROUND 1 시각적 소통

운전자는 운전을 하면서 눈으로 주변 정보를 파악해. 앞뒤, 양옆을 보며 보행자는 없는지, 주변에 차는 어디에 있는지 파악해.

자율주행 자동차는 센서를 통해 주변을 파악해. 라이다, 레이더, 카메라를 통해서 센서 데이터를 모으지!

ROUND 2 소통의 반응 속도

운전자는 상황을 판단하고 방향을 바꾸기 위해서 핸들을 움직이고, 출발하기 위해서 엑셀을, 정지하기 위해서 브레이크를 밟아 자동차를 제어해야 해.

인간의 반응 속도: 0.7초~1초
(깜짝 놀라면 더 느려짐)

자율주행 자동차는 센서를 통해 받아들인 정보를 재빠르게 판단하고 매 순간 안전한 선택을 할 수 있어. 사각지대 하나 없이 완벽한 제어가 가능하지.

자율주행 반응 속도: 0.001초 이하

043 모두를 위한 자율주행 버스

우리가 자주 타는 버스와 자율주행이 만나면 어떤 마법이 펼쳐질까?

운행 경로가 정해져 있어.

자율주행 버스는 항상
운행 경로가 정해져 있어.
같은 길, 같은 정류장을 반복해서
다니면 되지! 이 길만
열심히 학습하면
되는 거야!

자율주행 버스는 모두 전기차야.

매연 없는 친환경 버스라니
지구를 위한 최고의 선물이 아닐까?

사람들이 탈 때마다 예측 가능한 행동을 해.

정류장에서 사람이 하는 일은
딱 두 개! "내리고, 타고"
버스에서 사람이 모두 내리면
출발하고, 정류장에 도착하면 멈추고!
단순하지?

교통 소외 지역이 없어질 거야.

시골, 외곽, 늦은 밤 시간에도 무인
셔틀버스가 운행할 수 있어. 누구나,
언제든 대중교통을 이용할 수 있지.

044 전기로 움직이는 자동차

거리에서 자동차의 파란색 번호판을 본 적이 있니?
바로 전기로만 움직이는 전기차야. 요즘 자동차 산업의 핵심 키워드인
전기차에 대해 알아보자.

전기차는 휘발유나 경유를 쓰지 않고,
전기로 움직이는 자동차야!
마치 전자 제품처럼 전기를 저장하는 배터리가 있고,
그 배터리를 충전해서 차의 엔진을 움직이는 거야.

첫째,
요즘 기름값이
얼마나 비싼가요?
전기차를 선택하면
유지비 걱정이
사라져요.

둘째, 지구를 위해 선택하세요!
전기차는 친환경입니다.
이산화 탄소를 배출하지 않아요!
깨끗한 지구를 만들려면 전기차를
선택하시죠.

셋째, 자동차를 타 보세요!
얼마나 조용합니까?
기름으로 돌아가는 엔진 소리를
듣다가 조용한 전기 모터 소리에
전기차를 탈 수 밖에
없을 걸요?

전기차가 너무 조용해서 생긴 문제도 있어!
전기차는 사람이 가까이 와도 소리가 안 들려서 위험할 수 있어. 그래서 시속 30킬로미터 이하에서는 일부러 '전자 소리'를 내도록 설계되어 있기도 해.

자율주행을 하려면 각종 센서와 AI 기술이 작동해야 하기 때문에 많은 양의 전기가 필요해.
그래서 전기차랑 자율주행이랑 아주 환상의 짝꿍이지!

마지막으로,
전기차를 선택하면 환상적인
자율주행을 경험할 수 있습니다.
운전이 얼마나 편한지 몰라요.

045 공장의 진화

자동차, 옷, 장난감 등 많은 물건들이 공장에서 만들어지고 있어.
공장에는 많은 기계와 사람들이 있지. 때문에 가끔 실수가 생기기도 해.
그래서 공장에서도 AI 기술이 여러 도움을 주고 있어.

고장 알리미

공장에는 엄청 큰 기계들이 많아.
이 기계들이 언제 고장날지
미리 알려주는 역할을 해.

불량품 판독기

공장에서 만들어진 물건 중에 잘못 만든
건 없는지 매의 눈으로 확인해.

알뜰살뜰 지키미

공장에서는 전기를 많이 써.
AI가 에너지를 효율적으로 쓸 수 있는
방법을 알려 줘.

046 매의 눈으로 찾는 불량

공장에서 물건을 만든 후에 꼭 거쳐야 하는 과정이 있어.
하나하나 잘 만들어졌는지 확인하는 품질 검사 과정이야.
옛날에는 사람이 눈으로 하나씩 살펴보면서
"이건 괜찮고, 이건 불량이네" 하고 골라냈지만
요즘 공장에서는 AI가 그 일을 대신하고 있어.

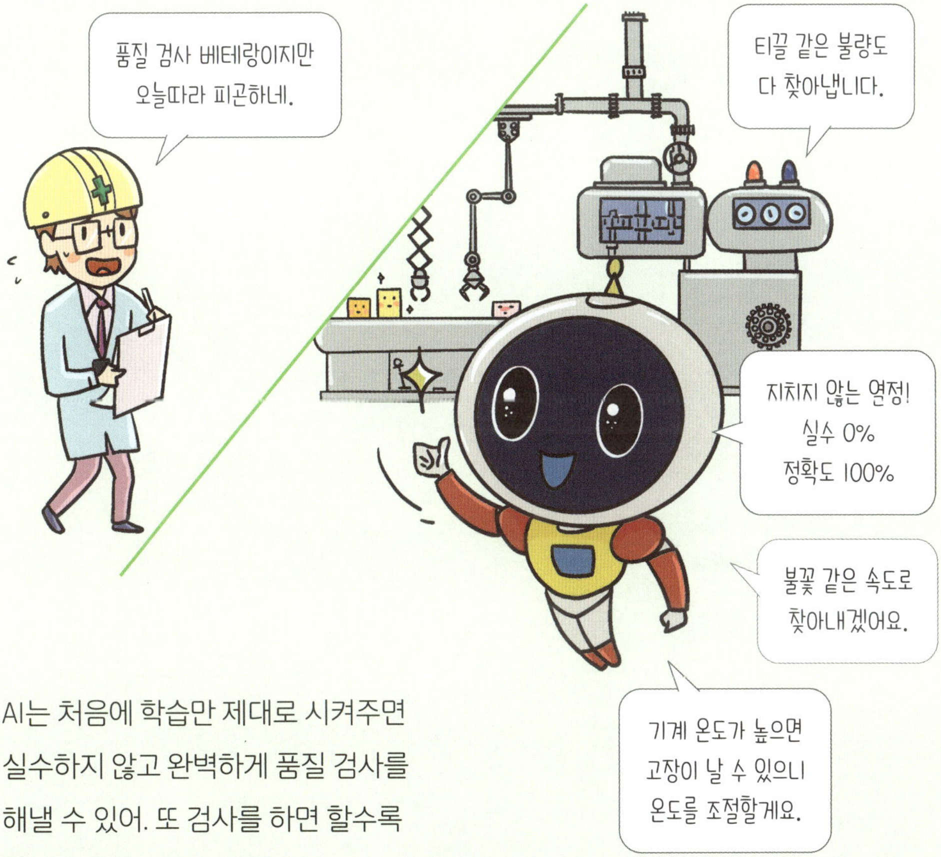

AI는 처음에 학습만 제대로 시켜주면
실수하지 않고 완벽하게 품질 검사를
해낼 수 있어. 또 검사를 하면 할수록
점점 더 똑똑해지고 빨라져.
뿐만 아니라 언제 불량이 생기는지,
어떤 조건에서 문제가 생기는지 분석까지 해 주는
아주 똑똑한 직원이야.

047 빠르게 배달되는 택배의 비밀

요즘엔 인터넷으로 물건을 주문하면 하루도 안 돼서 택배가 도착하곤 해!
이렇게 빠르게 배달되는 비밀이 무엇일까?

커다란 창고 안에는 수많은 물건이 쌓여 있어.
책, 장난감, 과자, 물병, 신발 등 없는 게 없지!
그런데 그냥 아무 데나 쌓아두면 찾기 어려워.
그래서 AI가 **자주 나가는 물건은 가까이,**
무거운 건 아래쪽, 같은 종류는 한 곳에
딱딱 정리해 줘.

다가올 일도 예측할 수 있어!
예를 들어, 크리스마스가 다가오면
"장난감 주문이 많아지겠는 걸? 미리 많이 준비하자!"
"내일은 비가 올 테니, 우비와 장화가 인기일 거야!"
이렇게 **미리미리 물건을 준비**해 놓는 거야.

수많은 물건 속에서 배송할 물건을
찾는 일은 많은 시간이 들어.
AI는 미리 학습해 둔 정보 덕분에
척척 실수도 없이 가지고 와.
무거운 물건? 너무 쉽지!

048 AI는 에너지 잔소리꾼

AI는 에너지를 더 똑똑하고 효율적으로 쓸 수 있게 도와줘.
지구를 위한 쓴 잔소리를 열심히 하는 AI를 알아볼까?

AI는 에너지를 낭비하지 않도록
도와주는 똑똑한 비서야.
집에서 낭비하는 에너지가 없도록
잔소리를 해 주지.

AI는 공장에서도 열심히 활약해.
에너지 낭비 없이 일할 수 있어서
공장 전기료를 어마어마하게
아낄 수 있어.

AI는 전기차에서도
열심히 일하고 있지. 전기 에너지가 낭비되지
않도록 관리해 주거든. 전기를 똑똑하게
써서 더 멀리 갈 수 있게 하는 거지.

어때? 이쯤이면
에너지를 아끼는
똑똑하고 멋진
잔소리꾼이지?

049 데이터 센터는 AI의 집이자 학교

AI가 점점 똑똑해지고 발전하면서 정보, 즉 데이터가 중요해졌어. 이러한 데이터를 관리하는 곳이 데이터 센터야. 데이터 센터는 AI가 필요한 데이터를 저장하고, 계산하고 보내는 거대한 컴퓨터 공장과 같아. 어떤 일을 하는지 알아볼까?

AI가 똑똑해지려면 많은 데이터가 필요한데 데이터 센터는 AI가 공부할 수 있는 공간을 제공해! 데이터 센터에서 AI가 마음껏 공부할 수 있는 거야.

왜 굳이 데이터 센터에서 공부해야 할까?

AI는 데이터를 학습하고, 분석하고, 결과를 계산하는 데 엄청난 컴퓨팅 파워가 필요해. 그런데 일반 컴퓨터로는 AI가 하는 일을 다 감당할 수 없어! 그래서 데이터 센터에서 AI 연산을 처리해 주는 거야.

데이터 센터는 엄청나게 많은 열을 방출해. 그래서 보통 도시 외곽이나 시원한 지역에 있어. 왜냐면 컴퓨터가 엄청 뜨거워져서 열을 식혀야 하거든!

050 AI는 전기 먹는 하마

AI는 사람의 뇌처럼 정보를 배우고 생각할 수 있는데
이를 위해서 엄청난 양의 계산을 해야 해. 사람이 수학 문제를 많이 풀면
머리가 아프고 피곤해지는 것처럼 AI도 문제를 많이 풀수록
전기가 많이 필요해.

AI는 정말 수많은 데이터를 쉬지 않고 배워야 해.
컴퓨터가 쉬지 않고 돌아가니까 엄청난 전기가 필요하겠지?

051 전기 에너지의 고향

우리가 맞이할 미래는 AI와 함께하는 세상일 거야.
그럼 전기 에너지가 그만큼 더 필요할 텐데,
우리가 사용하는 전기 에너지는 어디에서 탄생했을까?

화력 발전

석탄, 석유, 천연가스를 연소하여 발생한 열로
물을 끓여 증기를 만들고, 이 증기로 터빈을 돌려.
그 힘으로 발전기를 움직여 전기를 만들어.

원자력 발전

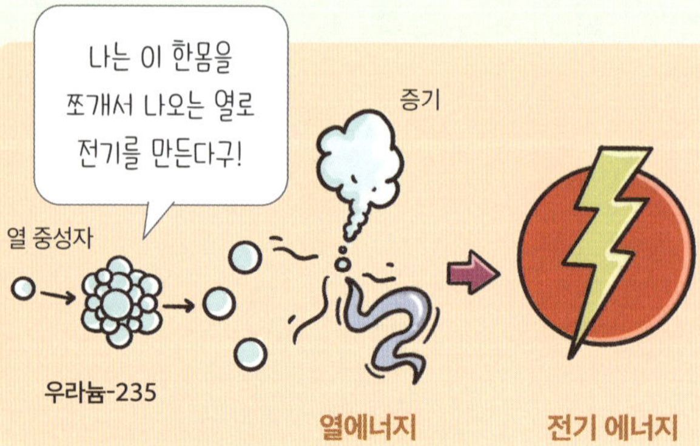

우라늄-235 의 핵분열 반응을 이용해
열을 발생시키고, 이 열로 증기를
생성해서 터빈을 돌려 전기를 생산해.

무거운 원자핵이
중성자를 흡수하면
분열하면서
엄청난 열에너지를
방출해.

전 세계
전기의 60% 이상이
화력 발전에서 나와.

석탄 0.5킬로그램으로 할 수 있는 일

- 100와트(W) 전구를 20시간 켜기
- 스마트폰 200번 충전하기
- 전기밥솥으로 10번 밥 짓기

석탄, 석유, 천연가스를 태울 때 이산화 탄소, 메탄 등 유해 온실가스가 배출돼.

화력 발전이 없으면 도시는 마비돼.

실제로 2003년 8월 14일, 미국 전력망 시스템에 이상이 생겨서 미국 북동부와 캐나다 일부가 동시에 정전되어서 5500만 명 이상이 4일 동안 피해를 입는 최악의 정전 사태가 있었어.

화석 연료는 지구에서 수억 년 동안 식물, 동물의 유해가 땅속에서 오랫동안 변형되어서 만들어진 에너지원이야.

장점: 안정적인 전력 공급이 가능하고 많은 전기 에너지를 만들 수 있어.

단점: 이산화 탄소(CO_2) 배출로 환경오염의 원인이 되고, 화석 연료가 점점 부족해지는 문제가 있어.

단 1그램의 우라늄이 석탄 3톤과 같은 에너지를 내! 화력 발전보다 10만 배 이상 효율적인 방법이야.

화석 연료는 주로 중동과 러시아에 있지만, 우라늄은 여러 나라에서 안정적으로 받을 수 있어.

원자력 발전소에서 사고가 발생하면 방사성 물질이 유출되는데, 엄청난 위험성을 지니고 있어.
그리고 원자력 발전을 할 때 생기는 폐기물을 처리하는 것도 문제가 되지.

장점: 탄소 배출이 적고, 많은 용량의 전기를 생산할 수 있어.

단점: 방사성 폐기물 처리하는 데 어려움이 있고, 혹시나 원전 사고가 나면 큰 인명 피해로 이어져.

052 친환경 전기왕 선발 대회

화력 발전과 원자력 발전은 많은 양의 전기를 생산하는 데 매우 효율적인 방법이지만, 이번에는 더 안전하고 친환경적으로 전기 에너지를 생산하는 방법에는 무엇이 있는지 알아볼까?

당신의 전기왕에게 투표하세요!

안녕, 난 **태양열!**
내 뜨거운 열정으로 전기를 열심히 만들어 볼게!
전기를 만들 땐 조용하고 깔끔하게, 기름도
필요 없고, 매연도 없지!
단, 흐린 날엔 좀 쉬어야 해.
그래도 뭐, 온실가스? 그런 건 난 전혀 없으니까.
오늘도 무공해 매력에 한 표 부탁해!

안녕, 난 **풍력!** 바람 타고 나타나는
자연의 스피드광이지. 날개만 돌면 전기 팍팍!
소음 없이 부지런히 돌아.
연료? 필요 없어! 온실가스? 나랑 상관 없지!
언덕 위, 바다 위, 어디든 잘 돌아가.
그런데 바람이 없으면 좀 심심해. 기다려야 해.
그래도 난 높은 곳을 좋아하는 전기 귀공자!
전기왕 자리, 바람처럼 훅 낚아챌게!

기호 3

수력 발전

나는 **수력!** 물길 따라 흘러온 전기의 달인!
물이 떨어지는 힘으로 팍팍 돌아가는 터빈이
내 자랑이지! 밤낮 가리지 않고 안정적인
전기 생산 가능! 큰 규모와 큰 힘은 나만의 강점이지!
근데 댐 짓느라 자연을 망가뜨릴 때가 있어.
(그래도 요즘은 친환경 설계로 잘 하고 있어!)
끊임없이 흐르는 물처럼,
나도 쉼 없이 전기왕을 향해 흐른다!

기호 4

지열 발전

난 **지열**! 지구 속 뜨끈한 힘을 끌어올리는 열정파!
땅속 깊은 곳의 지열 에너지로 전기 뽑아내는 게
내 특기지! 기후에 영향받지 않고 꾸준하게,
온실가스도 거의 없어! 설치비는 좀 비싸지만
일단 시작하면 안정적이고 내구성도 최고지.
지구의 속삭임을 듣는 조용한 전기 장인,
전기왕 자리는 내 거야!

기호 5

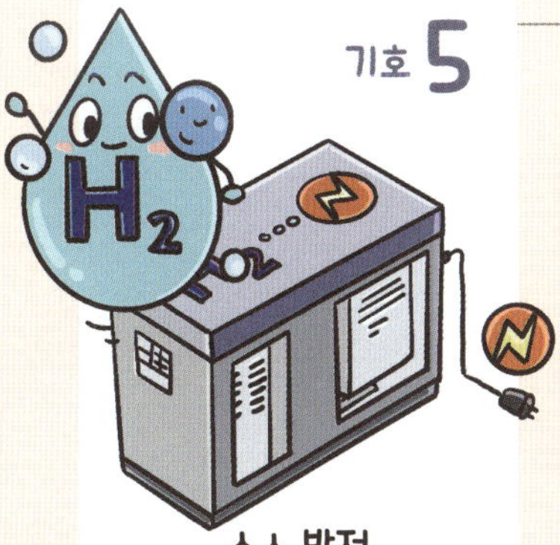

수소 발전

나는 **수소 연료**! 이름은 좀 과학자 같지만
사실은 물만 남기는 청정 전기 천재!
수소랑 산소가 만나면?
물 + 전기 = 나의 탄생
배출가스? 없어! 소음? 없어!
미래는 나의 시대!
조용히 강한 전기왕, 기억해 줘!

4장

AI와 생명 공학

053 새로운 약을 만들다

새로운 약, 즉 신약 개발은 보통 오랜 시간과 막대한 비용이 드는 과정이야. 왜냐하면, 기초 연구부터 시작해서 신약 후보 물질을 찾고, 다양한 임상 실험을 거쳐야 하기 때문이지.

기초 연구, 질병 원인 찾기

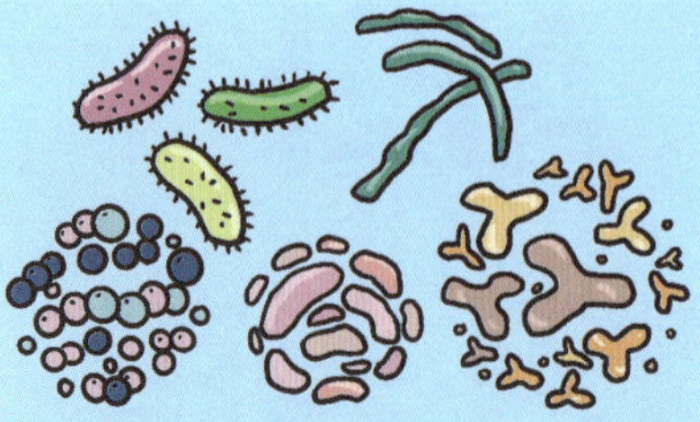

질병과 관련된 단백질, 유전자를 찾는 과정이야. 많은 바이오 데이터를 분석하고 연구해야 해.

신약 후보 물질 탐색, 설계

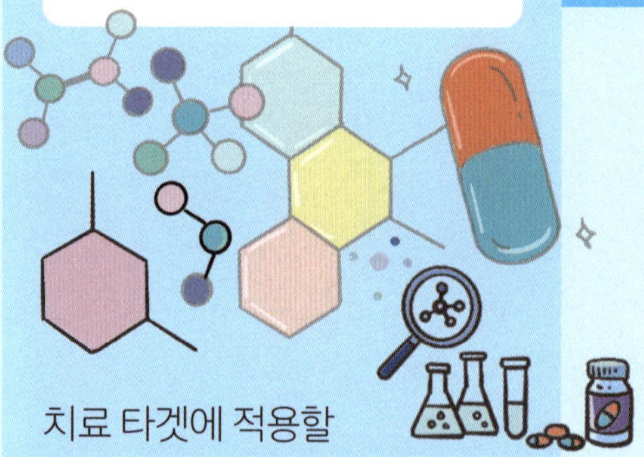

치료 타겟에 적용할 신약 후보 물질을 탐색하고 만드는 과정이야. 타겟이란, 질병의 원인이 되는 유전자, 단백질 등을 의미해.

내 장점이 또 데이터 분석 아니겠니? 수백만 건의 논문과 유전자 데이터를 싹 다 분석해 줄게. 몇 년 걸릴 일을 나는 몇 주면 해결해.

수십억 개나 되는 신약 후보 물질을 빠르게 탐색해서 실험도 할 수 있고, 또 강화 학습을 통해서 새로운 화합물을 설계할 수도 있어.

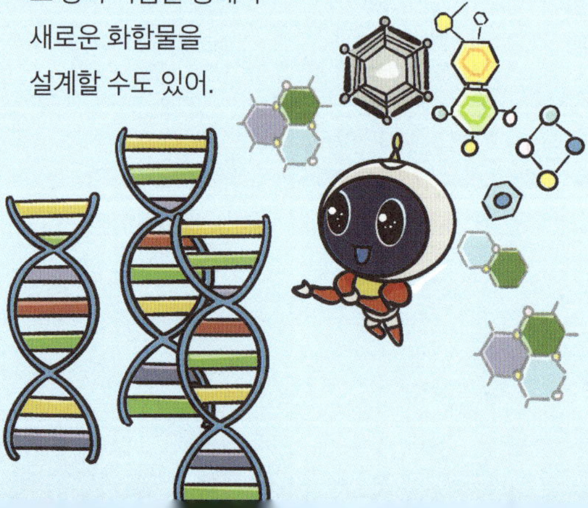

최근 AI의 발전으로 신약 개발은 더 효율적으로 이루어지고, 성공 확률도 높아지고 있어. 신약 개발의 과정과 AI의 관련성은 아래 내용을 참고해.

신약 승인 및 출시

전임상 시험

주로 동물 실험을 통해 개발한 신약의 독성, 안정성, 흡수율 등을 분석해. 윤리적인 문제가 있어서 어려움이 있어.

임상 시험

안정성이 어느 정도 확보된 신약을 대규모 환자들에게 직접 투약해서 효과를 검증하는 단계야. 이 단계 역시 윤리적인 문제가 따를 수 있으니 주의해야 해.

분자 구조를 분석해서 독성을 미리 예측할 수 있어서 동물 실험을 최소화할 수 있어. 신약의 효과도 예측할 수 있지!

가상의 인간 모델(디지털 트윈)을 만들어서 임상 시험을 가상으로 진행할 수 있고, 임상 시험을 실제 진행하더라도 이상 반응을 빠르게 파악해서 안전하게 진행할 수 있어.

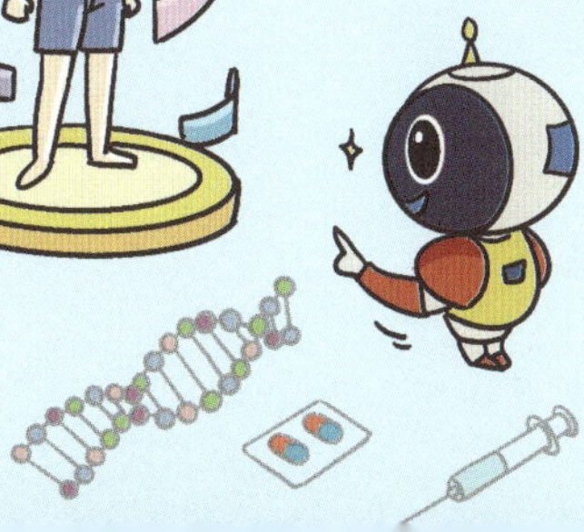

054 내 몸의 설계도, DNA

혹시 엄마나 아빠를 닮았다는 말을 들어 본 적이 있니? 그건 부모님의 유전자가 반반씩 너에게 전달됐기 때문이야. 유전자가 무엇인지 알아볼까?

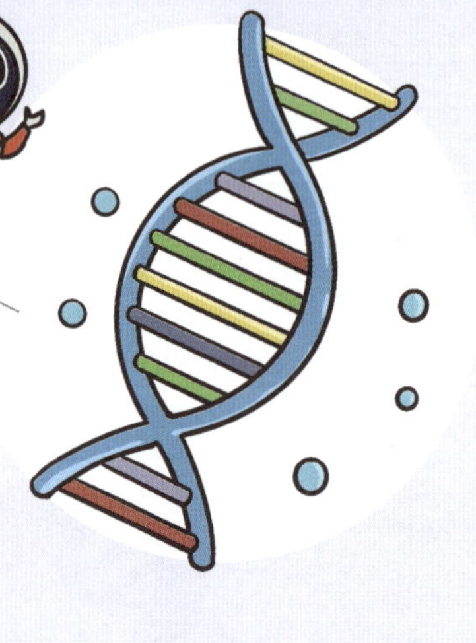

유전자는 생물의 설계도와 같은 거야.

DNA라고 부르지.

우리 몸이 어떻게 만들어지고, 어떤 특징을 가질지 특별한 비밀 정보를 담고 있는 거야.

유전자는 우리의 눈 색깔, 키, 머리카락 등
우리의 외모를 결정하기도 하고,
심지어 특정 질병에 걸릴 가능성도 가져.
우리를 만드는 비밀 레시피인 거지!

유전자와 관련된 놀라운 사실

사람과 바나나의 DNA는 약 50~60퍼센트(%)나 일치한대!

사람과 바나나는 아주 먼 옛날
생명체의 공통 조상님에게서 갈라져 나왔어.
그래서 생명체의 생존에 필요한 유전자가
여전히 비슷한 거야.

유전자의 개수가 많다고
더 복잡하거나 진화된 건 아니야.
사람의 유전자가 약 2만 개 정도라면
바나나의 유전자는 3만 6천 개나 된다고!

055 DNA 속 비밀 코드

그런데 대체 우리 몸 어디에
비밀 정보가 숨어있는 걸까?
우리 몸은 세포로 이루어져 있어.
그 세포 안에는 핵이 있고, 핵 안에는
유전자를 가지고 있는 염색체가 있어.
이 염색체는 DNA로 구성되어 있어!

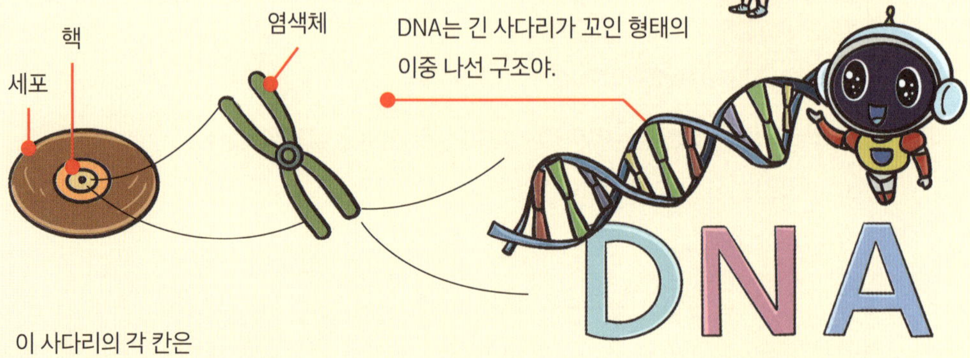

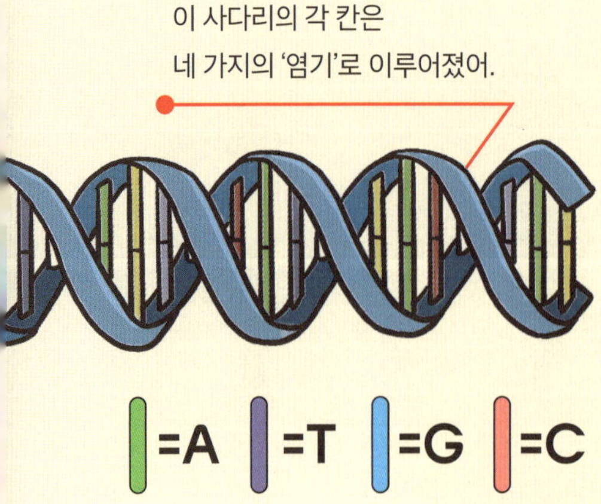

염기는 아데닌(A), 티민(T),
구아닌(G), 사이토신(C) 4 종류가 있어.
이 염기들이 A-T, G-C처럼 짝을 지어서
사다리의 칸을 채우는데, 이 순서가 바로
유전 정보를 담고 있는 핵심이야!
마치 **비밀 코드**와 같은 거지.
DNA 속에 유전자가 들어있는 거야!

우리 몸에 들어있는 DNA에는 30억 개나 되는 비밀 코드 염기쌍이 있어.
이 비밀 코드를 풀려면 진짜 시간이 오래 걸릴 거야.

056 유전자 분석으로 비밀 코드를 풀어라!

유전자에는 나에 대한 모든 정보가 들어있다고 했지?
그렇다면 유전자 속 숨어있는 미래의 질병까지 알면 얼마나 좋을까?
그러기 위해서는 유전자 분석을 해야 해.
유전자 분석은 우리 인간의 유전 정보를 이해하고
질병 예방, 진단, 치료 등에 활용되고 있어.

AI의 도움이 없었을 때에는
사람이 직접 DNA의
비밀 코드를 한 땀 한 땀
분석해야 했어.

요즘은 유전자를 분석하는
AI가 우리 생명의
비밀 암호를 풀고 있어.

우리 몸에 들어있는 DNA의 길이가
엄청나게 길었던 걸 기억하지?
그러니 일일이 읽고
비교하는 것 자체가
불가능한
일일 거야.

엄청난 유전자 정보를
해석하기 위해 방대한 양의
데이터를 빠르게 분석해야 하는데
AI가 이 속에 숨어있는
패턴을 발견할 수 있게 도와줘.

057 유전자를 오리는 유전자 편집 기술

AI의 도움으로 유전자 분석에 성공했어! 앗, 그런데 만약 내 유전자에서 특정 질병과 관련된 유전자가 발견된다면? 이 부분만 싹둑 잘라 버릴 수는 없을까?

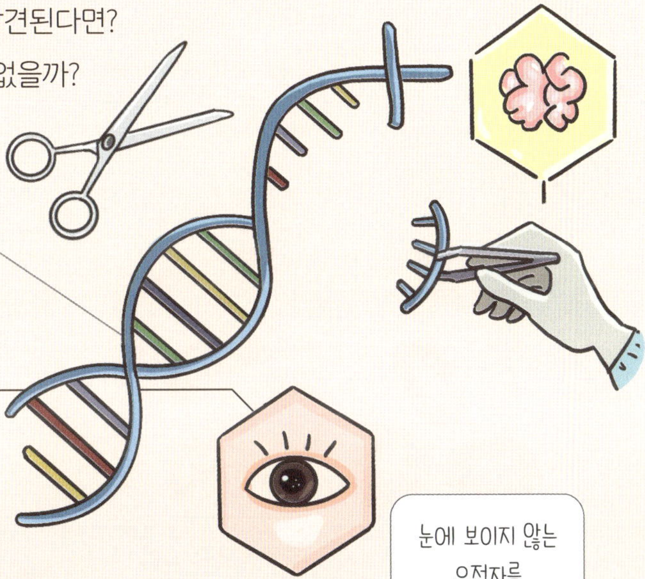

유전자 편집 기술은 생명의 유전자를 수정하거나 고치는 기술이야.

유전자에는 우리가 어떻게 생기고, 자라고, 병에 걸릴 확률이 높은지에 대한 정보가 담겨 있어. 이 정보가 잘못되면 질병이나 문제가 생기기도 하는데, 유전자 편집을 통해 그 잘못된 부분을 수정할 수 있다니, 놀랍지 않니?

크리스퍼 캐스9

크리스퍼 캐스9 기술은 가장 유명한 유전자 편집 기술 중 하나야! 생명과학자들의 최대 관심사이기도 하지.

어디를 잘라야 할지 알려주는 지도 역할을 해.

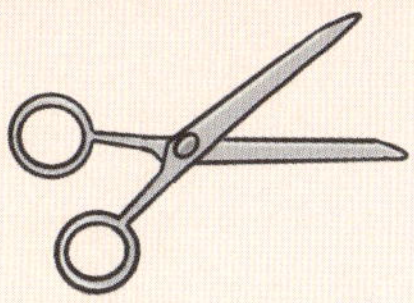

유전자를 정확하게 자르는 가위야.

058 불치병을 치료하다

유전자 편집 기술은 유전적 질병을 치료하는 데 매우 중요한 열쇠가 될 거야. 유전적으로 잘못된 유전자를 수정하거나 제거하면 질병을 예방하거나 치료할 수 있어! 현재도 AI의 도움을 받아 문제가 되는 유전자를 열심히 찾는 연구가 진행 중이야.

실제로 겸상적혈구병이라는 유전병을 유전자 편집 기술로 치료했대!

인류 최대의 적인 '암'을 유전자 편집 기술로 치료하려는 연구가 진행 중이야.

암세포는 보통 비정상적인 유전자를 갖고 있기 때문에 암세포를 공격하도록 세포를 수정하면 될 거야!

농업에서도 큰 힘을 발휘하고 있어!

식물의 유전자를 편집해 병충해에 강한 식물을 개발하기도 해. 또 특정 영양소가 더 풍부한 농작물을 만들기도 하고 극한의 날씨에서도 잘 자라는 슈퍼 식물을 만들 수도 있지.

059 윤리적 고민이 필요한 디자이너 베이비

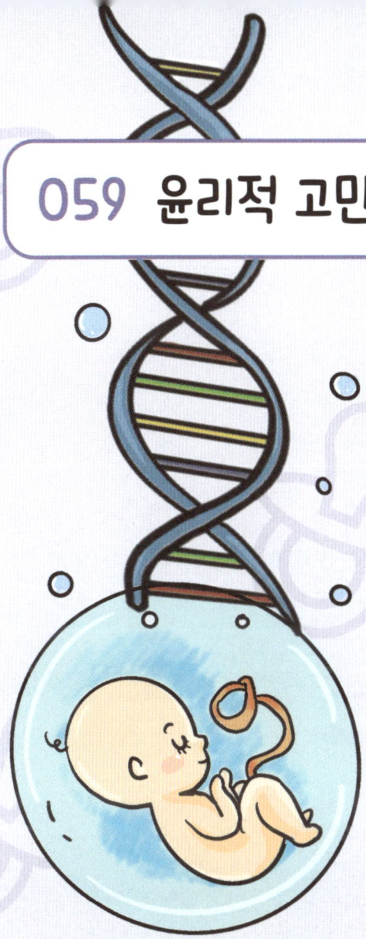

유전자 편집 기술은 정말 멋진 기술이지만,
정말 '옳은' 기술인지 생각해 볼 필요가 있어.
사람의 유전자를 편집하는 것은
다음 세대에 영향을 줄 수 있어.
예를 들어, 우리가 유전자를 고친다면,
우리의 아이도, 아이의 자녀도 고친 유전자를
물려받게 돼. 만약 유전자를 잘못 고친다면,
미래 세대에 큰 문제가 생길 수도 있겠지?

디자이너 베이비는
부모가 아이의 유전자를 고쳐서,
유전적인 질병을 모두 없애고 특별한 외모나
특징을 가진 아이를 만드는 것을 의미해.
수정란 상태에서부터 유전자 편집 기술을
적용한 거야. 현재는 윤리적인 문제로
많은 나라에서 강력하게 금지하고 있어.

060 미션! 임파서블

비밀 요원이 되어 미션을 수행하는 영화인 〈미션 임파서블〉을 본 적이 있니?
주인공은 중요한 문서를 훔치거나 엄청난 비밀을 알아내기 위해
침입이 아주 어려운 방 안으로 들어가야 해.
그런데 그 방에는 열쇠나 비밀번호가 아니라,
'사람의 눈'이나 '지문'으로 열리는 특별한 문이 있다면 어떻게 해야 할까?

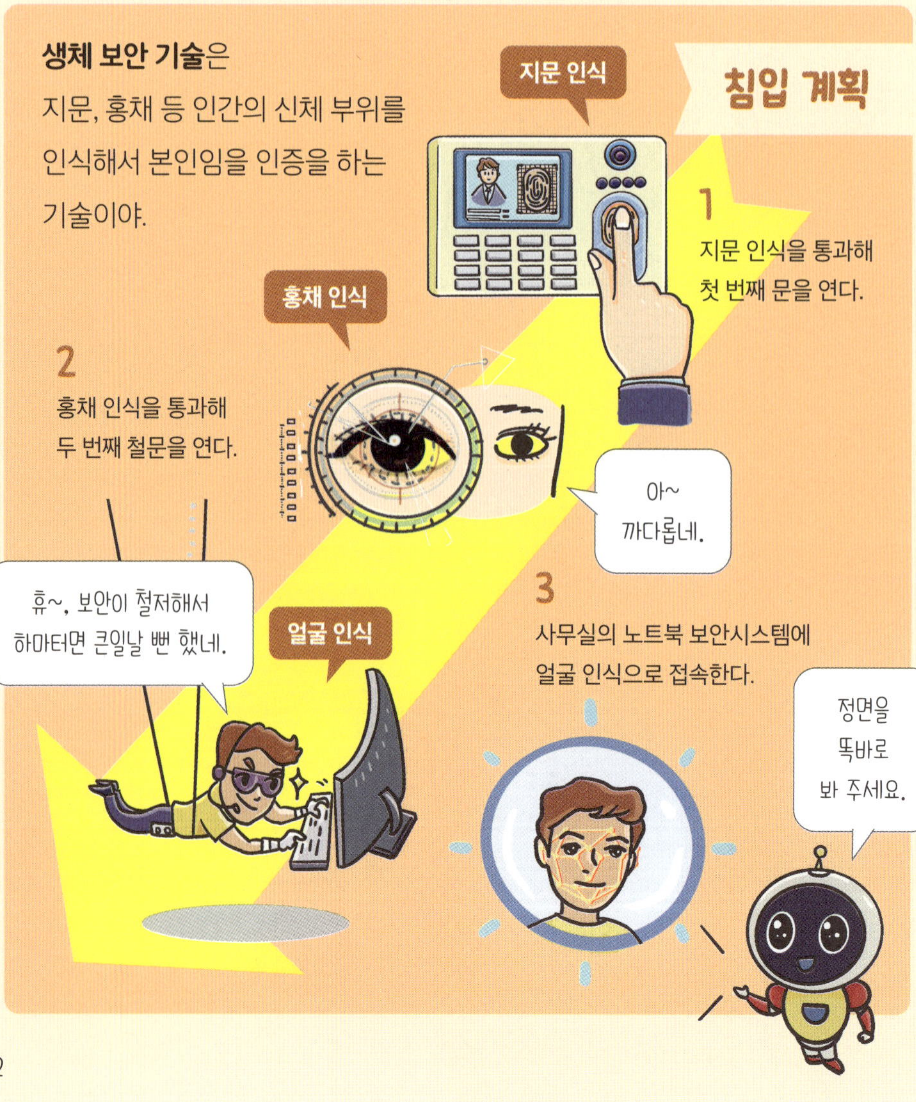

걸음걸이 인식
조심해서 걸어야겠군.
걷는 방식이 조금만 틀려도 감전이 될 거야.
정맥 인식
다른 건 몰라도 핏줄은 속일 수 없지.
목소리 인식
목소리, 억양, 숨쉬는 타이밍, 말하는 패턴 모두 분석이 가능하지.
서명 인식
단순한 침입 계획으로는 어림도 없지! 우린 생체 인식 보안 기술로 철저하게 지키고 있거든.
요즘엔 제가 열심히 돕고 있어요 아무도 통과하지 못 할 거예요.

061 생체 보안 기술의 원리

다양한 생체 보안 기술을 알아보았어. 요즘에는 AI와 함께
더 철저한 분석이 가능해졌지. 생체 보안 기술은 어떻게 만들어지는지 알아볼까?

생체 보안 기술의 조건!

1 사람마다 다 달라야 해.
일란성 쌍둥이도 다른 지문을 가지고 있을 정도로 지문은 각자가 가진 고유한 무늬야. 만약 여러 사람이 똑같은 지문을 가지고 있다면, 누구를 믿고 문을 열어줄지 모르겠지?

시간이 지나도 바뀌지 않아야 해. 2
지문이나 홍채는 나이와 상관없이 거의 바뀌지 않아. 어릴 때의 지문과 어른이 되었을 때의 지문이 다르지 않지. 할머니, 할아버지가 되어도 말이야!

3 기계가 쉽게 읽을 수 있어야 해.
아무리 특별한 특징이라도, 기계가 그걸 찍거나 감지할 수 없으면 사용할 수 없어.
예를 들어, '마음씨가 착한 사람만 열 수 있는 문'은 측정할 수 없으니까 안 되는 거야.

사용하기 쉬워야 해. 4
지문처럼 손가락만 대면 끝나는 기술은 매우 편해. 만약 발바닥을 인식해야 한다면 매번 신발과 양말을 벗어야겠지?

5 살아있는 것이어야 해.
진짜 사람인지 확인하는 기능도 갖고 있어야 해. 그렇지 않으면 지문을 위조하거나 가짜 홍채를 만들었을 때 인식이 될 수도 있어.

생체 보안 기술은 AI를 만나 더 강력한 보안 기술이 되고 있어.

지문 인식은 지문의 튀어나온 융선과 움푹 들어간 골의 높이 차이, 전기량 등을 측정하여 지문을 파악하는 기술이야.

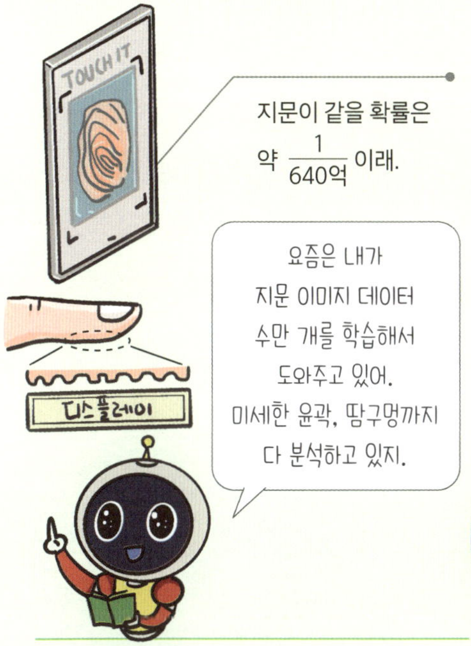

홍채는 지문보다도 더 복잡하고 사람마다 고유의 패턴이 있어. 이 패턴을 컴퓨터가 이해할 수 있는 디지털 신호로 바꾸는 거야.

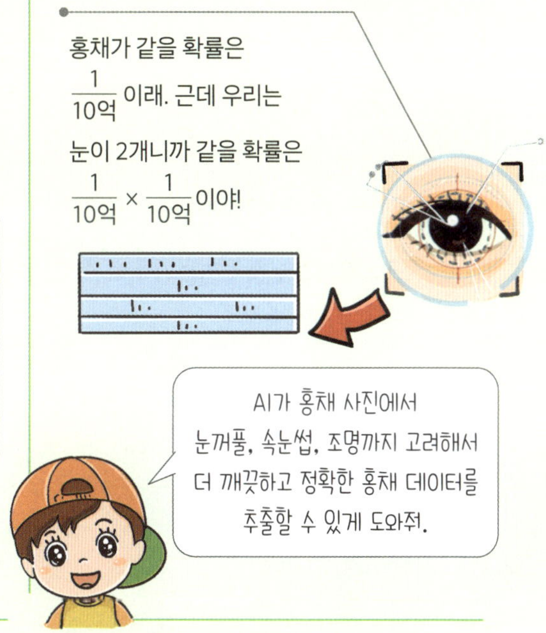

얼굴 인식은 얼굴을 디지털 이미지로 분석해서 판별하는 기술이야. 눈 사이의 거리, 광대뼈의 각도, 피부의 느낌까지 모두 분석할 수 있어.

보행 인식은 사람마다 갖는 고유의 보폭, 리듬, 관절의 움직임, 발뒤꿈치 위치, 상체 흔들림, 무릎의 각도를 이용하는 거야.

062 감염병을 예방하는 눈치 빠른 AI

인류는 언제나 감염병과 치열하게 싸워 왔어.
AI의 발달로 감염병과 싸우는 방법이 달라졌을까?

AI가 감염병을 빠르게 눈치 챌 수 있어

뉴스 기사, SNS, 의료 보고서, 진료 기록을 빠르게 모으고 분석할 수 있고

기후, 습도, 동물의 감염 정보, 사람의 이동경로 등 데이터를 광범위하게 수집해서 분석해.

AI가 질병이 어떻게 퍼지는지 수학적으로 계산해 줘

감염병이 어떻게 확산되는지,
감염병이 얼마나 빠르게 확산되는지
실시간으로 계산해 줘.

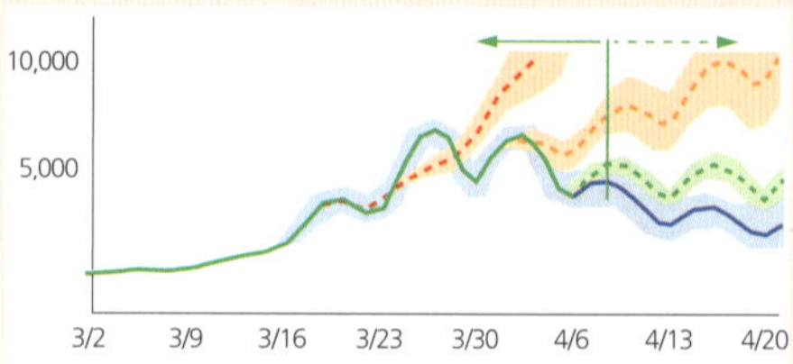

사회적 거리두기 강도에 따른 감염 확산 방지 영향

감염병 확산을 막기위해 사회적 거리두기,
제한 인원 등 방역 정책을 낼 수 있게 도와줘어.

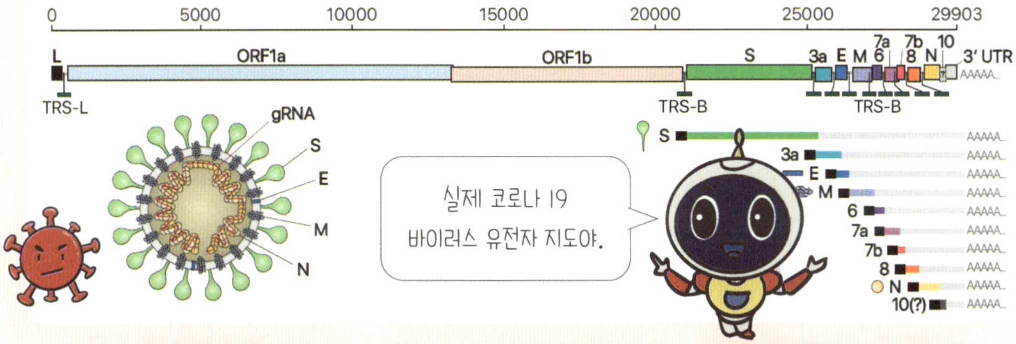

AI가 감염병 진단을 빠르고 정확하게 할 수 있어

AI와 협력해서 백신과 치료제를 빠르게 개발할 수 있어.

AI가 실시간 모니터링을 도와줄 수 있어.

감염병을 빠르게 진단하는 것은 확산을 막는 데 아주 중요한 일이야. 그래야 감염된 사람을 바로 분리해서 다른 사람에게 옮지 않도록 할 수 있지.

실제로 코로나19 때 사용했던 PCR 진단키트도 AI가 계속 연구를 통해 정확도가 더 높아졌어.

감염병을 일으키는 바이러스나 박테리아의 유전자를 빠르게 분석할 수 있어. 실제로 코로나 19 백신 개발에서 AI가 바이러스 구조를 예측하고 면역 반응을 일으키는 물질을 설계했어.

감염병이 확산되는 중에 병상, 인공호흡기 등 병원의 중요한 자원을 예측할 수 있지.

감염의 위험을 실시간으로 알려주고, 스마트폰 앱으로 개인의 증상을 모니터링 할 수 있어.

063 생명 연장의 꿈을 이루리라

생명 연장과 불로장생은 인류가 생긴 이래로 꿈꿔 온 바람이었지.
과연 AI가 노화까지 정복할 수 있을까?

노화

노화는 생물학적으로 우리 몸을 이루는 세포들이 시간이 지나면서 제대로 일하지 못하거나 손상되는 현상이야.

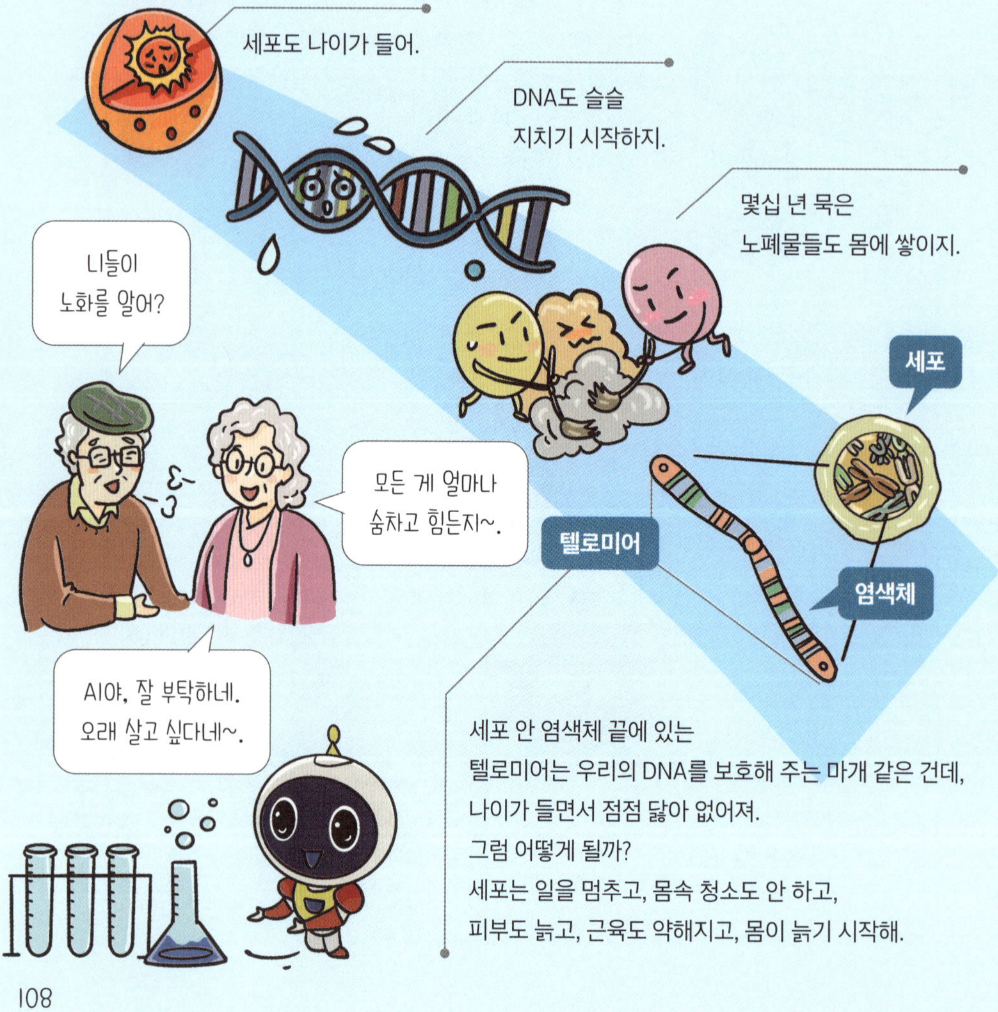

세포 안 염색체 끝에 있는
텔로미어는 우리의 DNA를 보호해 주는 마개 같은 건데,
나이가 들면서 점점 닳아 없어져.
그럼 어떻게 될까?
세포는 일을 멈추고, 몸속 청소도 안 하고,
피부도 늙고, 근육도 약해지고, 몸이 늙기 시작해.

AI가 점점 닳고 있는 텔로미어의 남은 길이를 예측할 수 있어!

유전 정보, 혈액 검사, 나이 같은 데이터를 수집해서 AI에게 학습시키면, 숨겨진 패턴을 찾아낼 수 있지.
이를 바탕으로 현명한 조언을 해 줄거야.

AI가 노화를 막아주는 마법의 약을 열심히 개발하고 있어!

정확히 말하면, AI는 항노화 물질 개발의 거의 모든 단계에서 '핵심 도구'로 활용되고 있어. 이미 실제 후보 물질을 찾기도 했어.

AI가 노화와 관련된 질병을 빠르게 예측하고 치료에 도움을 줘!

노화의 가장 무서운 점은 노화와 동반되는 다양한 질병들 때문일 거야.
AI는 이미지 분석, 패턴 인식, 데이터 분석을 통해서 알츠하이머, 암, 심혈관 질환 등 노화 관련 질환의 조기 징후를 포착하는 데 도움을 줘.

064 AI가 기르는 딸기

우리가 식물을 기르려면
물도 줘야 하고, 햇빛도 신경 써야 하고, 온도도 맞춰야 해.
근데 이런 모든 걸 인공지능과 컴퓨터가 대신 관리해 주면 어떨 것 같아?

AI는 농장 안의 모든 환경을 체크하고 제어할 수 있어.
예를 들어서, 온도와 습도를 계속 체크해서
"이 정도 온도면 딸기가 잘 자라겠어!"라며 온도 조절 장치를
작동시키는 거야.

스마트 팜(Smart Farm)은
AI와 데이터를 활용해서
농사의 효율성을
높일 수 있도록 관리하는
농업 시스템이야.

AI가 과일을 기르면
어떤 점이 좋을까?

환경 변화에 민감한 식물들을
AI가 관리해 준다면,
식물은 최적의 조건에서
자라면서,
더 좋은 품질의 과일, 채소가
되고, 더 많이 생산할 수
있어서 소비자들도
저렴하게 살 수 있어.

요즘에는 닭, 돼지 같은 가축들도
AI의 도움을 받아서 기른대!

065 우주에서 갓 딴 상추를 맛본다고?

스마트 팜은 센서, IoT(사물인터넷), 인공지능 같은 기술을 사용해 농장의 온도, 습도, 햇빛, 토양 상태, 심지어 식물의 성장 속도 등을 실시간으로 분석해 모두 확인할 수 있어. 이렇게 얻은 데이터를 바탕으로 언제 물을 줄지, 어떤 영양분이 필요한지를 AI가 자동으로 결정할 수 있지!

우주는 물, 공기, 에너지가 아주 제한되어 있고,
무엇보다 환경이 극단적이야!

우주는 태양 에너지가
풍부해서 좋은데,
너무 강력한 게 문제야.
잘 조절해야겠어.

기온 차이는 얼마나 심한지
온도가 높을 때는 120도 ,
낮을 때는 -150도까지
내려간대!

중력도
없어!

그래서 스마트 팜의 정밀 농업 기술,
예를 들어 IoT 센서, 자동화 시스템,
데이터 분석 등은 우주 농징에서도
필수적으로 사용돼.
그리고 우주에서는 물과
영양분이 극히 제한되기 때문에
최소한의 자원으로
최대의 효율을 끌어올리는
연구가 필요해.

실제로 나사(NASA)의 베지 프로젝트는
2015년 우주국제정거장에서 상추를
성공적으로 재배했어.
우주비행사들은 우주에서 처음 자란
싱싱한 상추를 맛본 거야!

5장

AI와 로봇

066 집안 청소를 도와주는 로봇 청소기

요즘 현대인들에게 없어서는 안되는 필수 가전제품 1위가 무엇인지 아니? 바로 로봇 청소기야. 로봇 청소기는 어떻게 점점 똑똑해진 걸까?

1세대 로봇 청소기 초음파, 적외선 센서

세계 최초의 로봇 청소기는 스웨덴의 가전 회사에서 만들었어. 초음파 센서와 적외선 센서를 탑재해서 장애물을 감지할 수 있지. 로봇 청소기가 초음파와 빛을 쏴서 벽, 가구, 사람 등을 감지하는 거야.

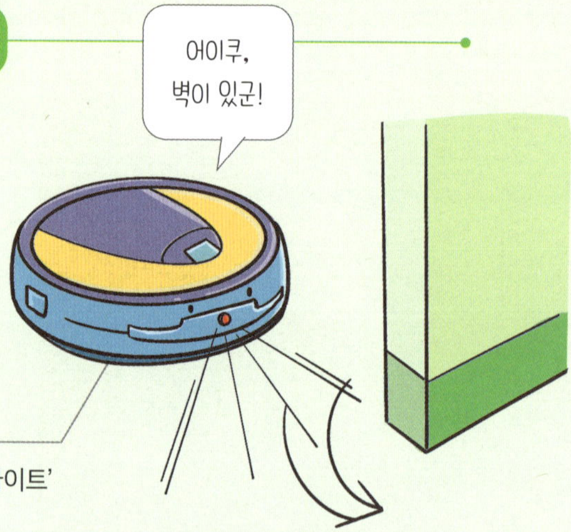

일레트로룩스의 '트릴로바이트'

2세대 로봇 청소기 레이저 거리 센서

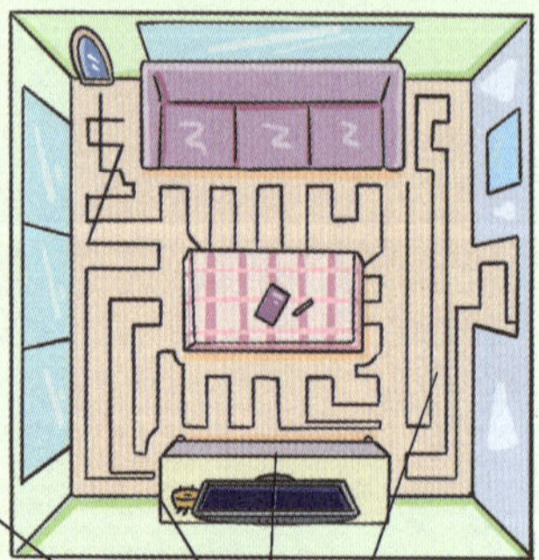

레이저 거리 센서는 레이저를 이용해서 주변 환경의 거리와 모습을 만들 수 있는 센서야. 집안의 구조를 빠르게 스캔해서 실시간으로 집 청소 지도를 만들 수 있지. 2세대부터 탑재된 레이저 거리 센서는 지금도 로봇 청소기를 만들 때 제일 중요하게 여기는 기술 중 하나야.

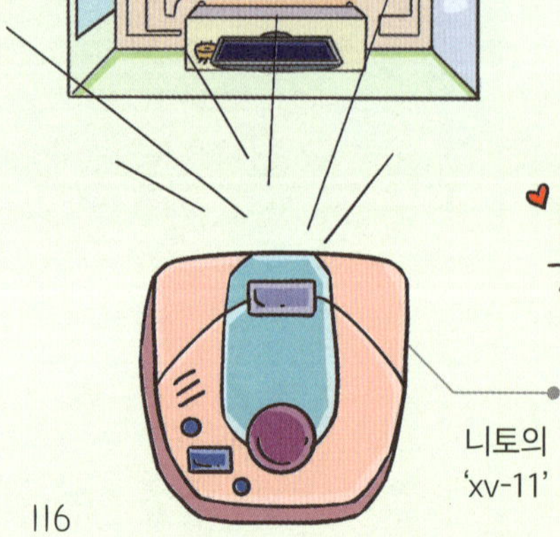

니토의 'xv-11'

3세대 로봇 청소기 AI의 탑재

AI가 발전하면서 로봇 청소기는 한층 더 똑똑해졌어. 센서로 집 구조를 지도로 만드는 것에서 더 나아가 AI가 거실, 주방, 침실 등 집의 구조를 스스로 학습하고 최적의 청소 경로를 찾지.

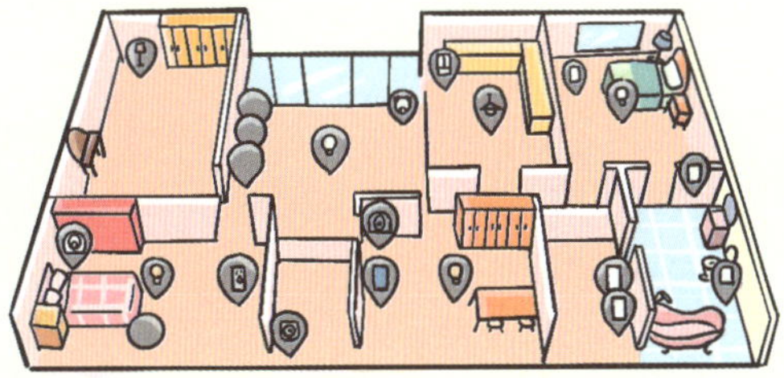

게다가 바닥 재질이 카펫, 마루, 타일인지를 구분해서 먼지를 적절하게 흡입할 수 있게 조절할 수 있고,

AI 비전 센서로 장애물을 더 정교하게 구분하고, 특히 더러운 구역을 기억해서 더 집중적으로 청소할 수도 있지.

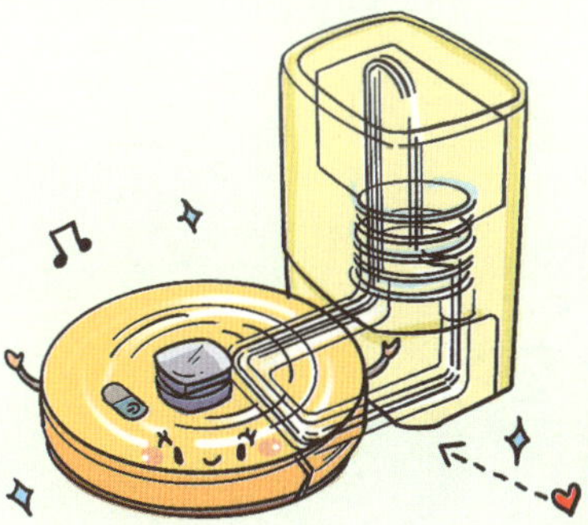

요즘에는 청소기 자체에 자동 기능이 있어서 먼지통을 비워주고, 걸레도 빨아줄 수 있어. 그리고 필터 등의 부품 상태도 자동으로 모니터링해서 교체 시기를 알려주기도 해!

067 스스로 길을 찾는 똑똑한 배달 로봇

똑똑한 로봇 배달부, 배달 로봇은 스스로 길을 찾아가는 자율주행 자동차랑 비슷해.
내비게이션처럼 길을 찾고, 장애물을 스스로 피해다니지.
배달 로봇에 숨겨진 비밀을 알아볼까?

앞으로는 로봇이 음식을 배달해 주고,
장을 본 뒤에도 무거운 짐을 들 필요 없이
마트에서 집까지 배달 로봇이
짐을 옮겨 줄 거야.

068 AI 로봇 전쟁이 시작됐다!

전쟁은 일어나서는 안 되는 끔찍한 일이야. 정말 일어나지 않기를 바라지만, 만약 미래에 전쟁이 일어난다면 지금껏 벌어진 전쟁과는 차원이 다를 거야. 그 이유는 바로 AI 로봇 기술의 발전 때문이야.

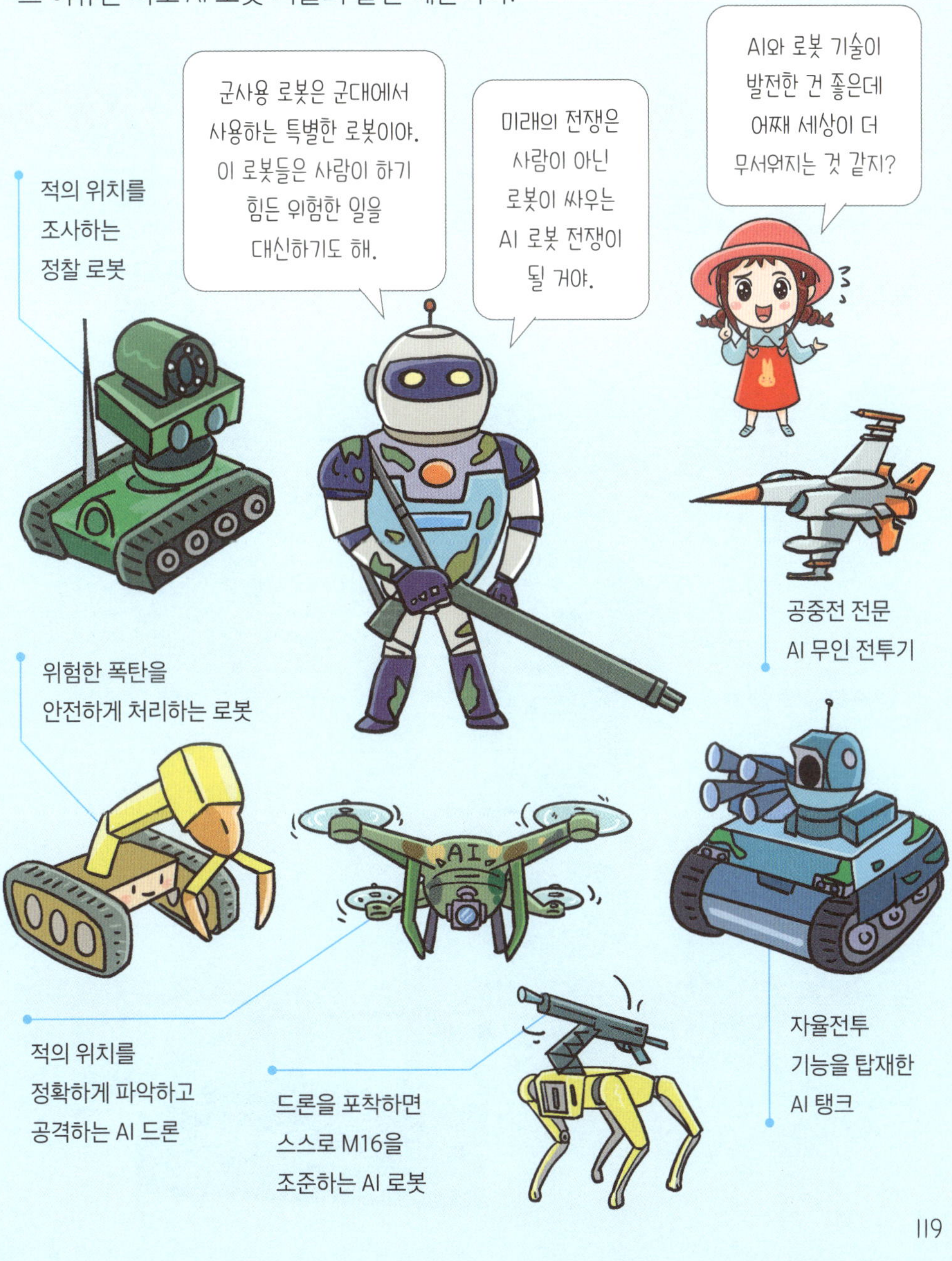

069 사람이야, 로봇이야?

우리 반에 새 친구가 전학을 왔다.
키는 조금 크고, 말투는 조금 딱딱하지만,
문제를 잘 풀고 줄넘기도 잘한다.
그런데 이 친구, 사실은… 로봇이다!

이런 일이 진짜로 일어날 수 있을까?

'휴머노이드'는 사람(human) + 모양(-oid)이 합쳐진 말이야. **사람처럼 생기고, 움직이는 로봇**을 말하지.

로봇이 걷는 건
생각보다 어려운 일이야.
사람은 뇌와 근육이 움직임을 조절해 주지만, 로봇은 센서와 프로그램으로 움직여.

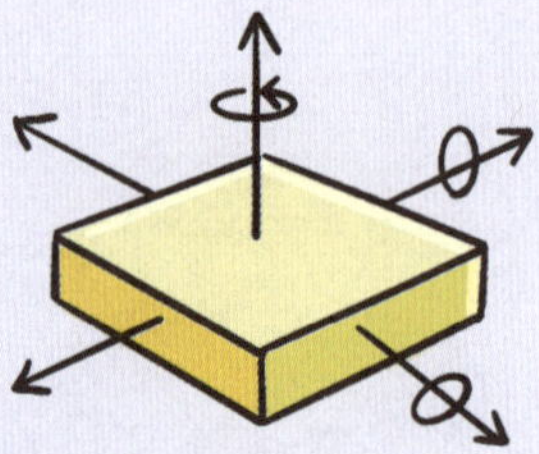

사람은 균형을 잡기 위해
무의식적으로 중심을 조절해.
로봇은 이걸 자이로 센서,
가속도 센서 같은 장치로 대신해.
그래서 점프하고 넘어졌다가도
다시 자동으로 중심을 잡고
일어날 수 있어.

계단을 오르고, 달리고, 심지어 뒤로 공중제비도 할 수 있어!
넘어져도 다시 일어나는 모습은 진짜 사람처럼 보여.

두 팔과 두 다리가 있고,
눈처럼 생긴 카메라,
귀처럼 생긴 마이크도
달려 있어서 사람과
비슷한 모습으로
행동할 수 있어.

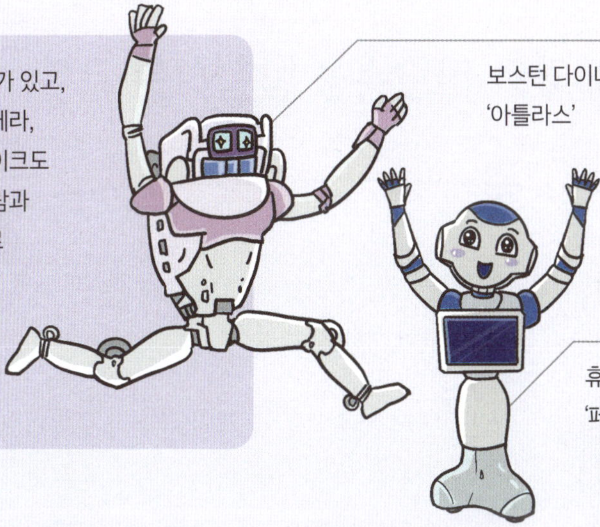

보스턴 다이나믹스의
'아틀라스'

휴머노이드 로봇
'페페'

사람의 표정과 대화 등을 모방해!

AI 기능으로 인간의 표정
대화 방법, 몸짓을
모두 모방할 수 있어.

휴머노이드 로봇은
사람과 대화할 수 있어!

우리가 말하는 소리를 듣고,
무슨 말을 했는지 텍스트로 바꾸고,
그 문장의 뜻을 컴퓨터가 이해하고,
답을 생각해. 컴퓨터가 만든 문장을
목소리로 바꿔서 말해.

휴머노이드 로봇
'아리아'

인터뷰를 하는 동안 상대와
시선을 맞추기 위해 눈동자를 움직이고,
심지어 머리카락을
손가락으로 쓸어 넘기기도 해.

070 우주와 바닷속을 탐험하는 로봇

깜깜한 우주를 탐험하는 로봇, 깊은 바닷속을 탐험하는 로봇!
두 로봇 중에 누가 더 멋진 탐험가일까?

옛날 옛적 지구에는 두 개의 탐험가 로봇이 있었어요.
하나는 지구 밖 우주를 탐험하는 우주 로봇,
다른 하나는 바닷속 깊은 곳을 누비는 해저 로봇이었지요.
이 두 로봇은 매일 매일 서로 자기 자랑을 했어요.

화성 탐사선 '퍼시비어런스'

우주 로봇은 이렇게 만들어야 해

우주에는 전선도 콘센트도 없기 때문에 태양빛으로 충전할 수 있어야 해.

우주는 방사선이 많아서 특별한 재료로 만들어야 해.

울퉁불퉁한 행성을 탐험하려면 AI와 자율주행 기능이 꼭 필요해! 지구에서 알려주기에는 신호가 너무 오래 걸리거든!

해저 로봇은 사람이 직접 가기 어려운 심해를 탐험하고,
사람을 대신해 해저 구조물 조사처럼 어려운 임무를 수행해.

해저 로봇은 이렇게 만들어야 해

수심 4000미터면 4톤 코끼리 10마리가 머리를 누르는 압력이 있어. 깊은 바닷속 압력을 버틸 수 있도록 튼튼해야 해.

물속에서는 전파가 잘 안 터져서 돌고래처럼 음파로 소통해야 해.

복잡한 해저 산맥을 탐험하는 데 AI와 자율주행 기능이 꼭 필요해! 물속에서는 전파가 약해서 원격 조종이 어렵거든!

071 사람을 살리는 의료 로봇

의료 로봇은 병원이나 치료 현장에서 환자를 돕거나, 수술을 도와주거나, 의료진의 일을 더 정밀하고 빠르게 대신하는 로봇이야. 요즘은 의료 로봇이 점점 더 똑똑해져서, 의사보다 더 정교하게 수술을 하기도 하고, 의료진들이 사람의 손길이 닿기 어려운 곳까지 치료하도록 도와줘.

수술하는 의료 로봇

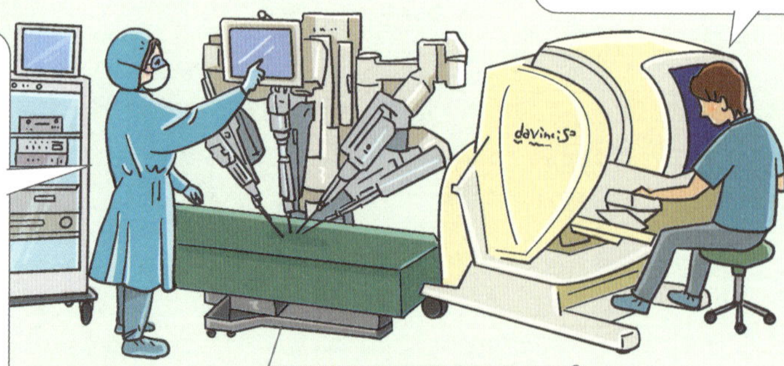

수술하는 의료 로봇 '다빈치'

AI 기반 3D 의료 영상 분석

특히 눈의 아주 작은 실핏줄, 얇은 각막, 작은 수정체를 섬세히 다루려면 0.01밀리미터 수준까지 한치의 오차도 없어야 해.

이외에도 로봇은 의료 현장 곳곳에서 열심히 일하고 있어.

재활을 돕는 로봇

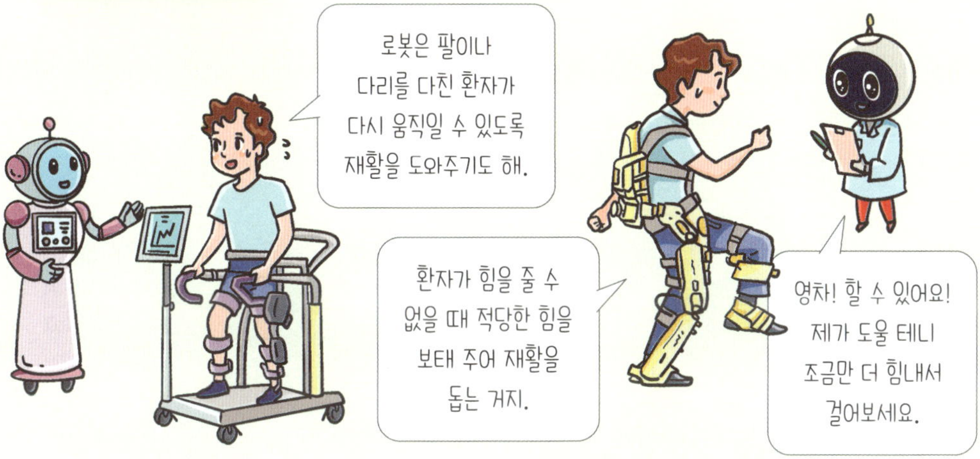

약품 이송 로봇

환자 이동을 도와주는 간병 로봇

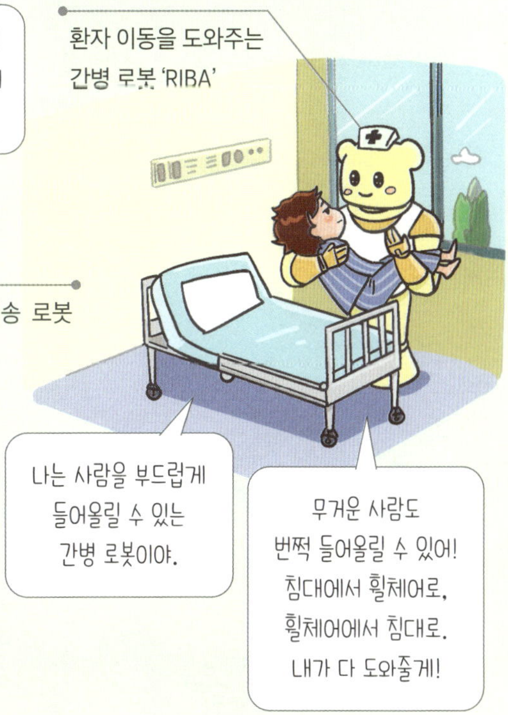

072 히어로 로봇 총 출동

정말 위험한 곳에 사람 대신 들어가
위험에 빠진 사람을 구하고, 불을 끄고, 무너진 건물 안을
탐색하는 영웅 로봇들을 알아볼까?

사고 대응 전문

어떤 무거운 것도 거뜬히 들어올리는 사고 대응 전문 로봇! 무거운 콘크리트나 위험한 폐기물을 들어올려 사고 잔해물을 처리하는 든든한 사고 대응 전문 로봇이지.

수색 전문

지진 피해와 같은 재난 시 재난 구조 1등 공신 로봇! 뱀 모양의 몸체로 지진으로 무너진 건물 사이를 꿈틀꿈틀 지나가면서 조난당한 사람을 찾아주는 수색 전문 로봇이지.

탐지 전문

주변 환경 정보를 실시간으로 수집하는 로봇이야. 센서를 이용해서 가스 누출 감지, 온도 변화, 사람 위치 등을 파악할 수 있어. 4개의 다리로 울퉁불퉁한 곳이나 장애물이 많은 곳에서도 안정적으로 이동할 수 있지!

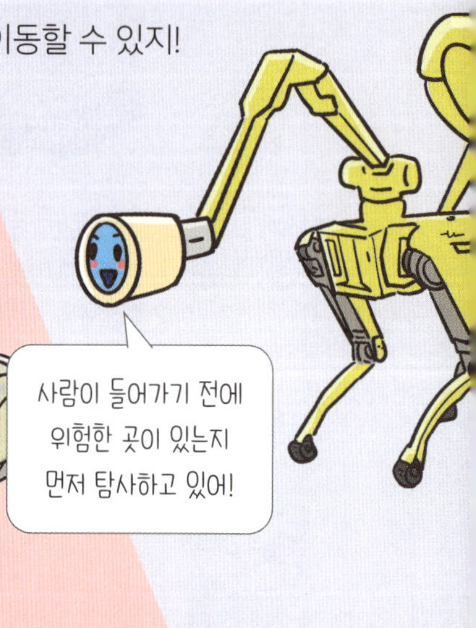

화재 진압 전문

높은 산이나 고층 건물처럼
사람이 접근하기 어려운 곳에
불이 났을 때 화재 진압과 인명 구조를
돕는 하늘을 나는 드론 로봇이야.
고해상도 카메라와 열화상 카메라로
화재 상황을 빠르게 분석하고,
특수 장비를 장착해서
소화제를 분사해.

DARPA 로보틱스 대회란?

미국의 국방고등연구계획국(DARPA)이 연
대규모 로봇 대회야. 너무 위험해서
사람이 들어갈 수 없는 재난 현장에
대신 들어갈 수 있는 로봇을 만들자는
생각으로 이 대회를 열었어.

미션

자동차 운전, 문 열기, 밸브 잠그기,
구멍 뚫기, 사다리 오르기, 장애물 넘기,
문 닫기, 콘센트 꽂기 등

각 로봇은 1시간 안에 최대한 많은 미션을
실수 없이 수행해야 합니다.

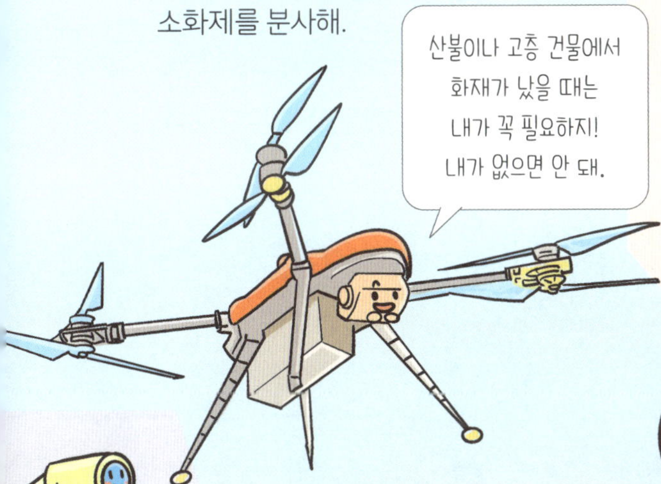

고난도 임무 전문

재난 현장에서 차량 운전,
사다리 오르기, 벽 뚫기, 잔해 제거 같은
섬세하고 고난도의 임무를 사람을
대신해 수행하는 로봇이야.
균형 잡기와 걷기, 장애물 넘기 등
재난 현장 임무 수행에 필요한
어려운 동작도 모두 해낼 수 있어!

073 나를 행복하게 해 주는 반려 로봇

로봇이 때로는 우리에게 즐거움과 재미를 주기도 해.
우리에게 행복을 주는 로봇에 대해 알아볼까?

안녕? 나는 아이보(Aibo)야.
강아지처럼 꼬리도 흔들고
공도 쫓아가고 주인도
알아보는 귀여운 로봇이지.

눈에 있는 디스플레이로 표정을 표현하고,
귀, 꼬리, 몸 전체로 기분을 표현해.
주인의 얼굴과 목소리를 인공지능이
학습하고 명령어도 기억할 수 있어!

안녕? 나는 스팟(SPOT)이야.
4족으로 보행하면서 튼튼한 다리로
계단도 오르고 울퉁불퉁한 길도 거뜬히 다녀.
넘어져도 "으쌰!" 하고 다시 일어날 수 있지.

원래 나는 다재다능한 편이야. 공장 설비도 점검하고,
재난 현장에서 위험한 곳을 뛰어다니기도 해.
최근에는 무대 위에서 춤도 췄어!

우리의 멋진 춤을
보고 싶다면?

074 불편한 골짜기

미래에는 다양한 로봇과 함께 하게 될 거야.

로봇과 우리가 함께 살아가게 되면서 흥미로운 이론들이 탄생했어.

일라이자 효과

사람처럼 로봇에게 감정이나 생각이 있다고 믿는 현상.

로봇은 사실 내 기분을 모르고 정해진 말을 하는 것이지만, 마치 진짜 내 감정을 알아주는 것 같은 느낌이 들 때가 있어.

불편한 골짜기

로봇이 너무 사람처럼 생기면 오히려 무섭고 이상해서 불편함을 느끼게 되는 현상.

휴머노이드 로봇처럼 사람과 비슷한 로봇은 신기하면서도 무서울 때가 있어. 사람처럼 생겼는데 눈빛이나 표정이 어색하면 이상하게 불편하고 꺼림칙한 느낌이 들 때가 있어.

로봇 신뢰 착각

로봇이나 AI가 하는 말은 다 맞을 것 같다고 생각하는 현상.

로봇의 겉모습만 보고 "얘가 더 잘 알겠지" 하고 믿게 돼. 그런데 로봇과 AI도 틀린 답을 줄 수도 있어! 그래서 항상 비판적으로 생각할 수 있는 힘이 중요해!

지금까지

우리가 함께 만들어갈 세상이 얼마나 넓은지 함께 살펴보았어.

AI와 함께 어떤 미래를 만들 수 있을지 고민해 본 시간들이

너희에게 소중한 씨앗이 되었길 바라.

내가 너희의 상상력을 더해서

세상을 더 따뜻하고 살기 좋게 만드는 도구가 되어 줄게!

세상이 아무리 빠르게 변해도, 변하지 않는 건

너희가 가진 무한한 가능성이야.

우리가 함께 그려나갈 내일이 벌써부터 궁금해지는걸?

언제나 너희의 꿈을 응원할게.

이미지 출처

23쪽 - 토요타 우븐시티 홈페이지 https://woven.toyota/en

25쪽 - 마이크로소프트 사 씨잉 AI(Seeing AI) 앱 화면 캡처 https://www.seeingai.com

48쪽 - 실제로 AI가 찾은 초신성 이미지

49쪽 - 어도비 파이어 플라이(Adobe Firefly)로 생성한 '유니콘' 이미지

106~107쪽 - 블루닷 AI 서비스 검색 이미지 참고

120쪽 - 유튜브 채널 'KBS News' 동영상 화면 캡처
https://www.youtube.com/watch?v=oXsrFTaNpgg

128쪽 - 유튜브 채널 'Boston Dynamics' 동영상 화면 캡처
https://www.youtube.com/watch?v=7atZfX85nd4

찾아보기